DU MINISTÈRE DE L'AGRICULTURE

A TRAVERS LE JAPON

CLIMAT — GÉOLOGIE

HYDROGRAPHIE — FORÊTS

DOMANIALES ET PARTICULIÈRES

ESSENCES, ETC.

PAR

L. USSÈLE

Garde général des Forêts

OUVRAGE

ORNÉ DE 90 VIGNETTES ET CARTE

A TRAVERS

LE JAPON

OUVRAGE

imprimé à 500 Exemplaires sur Papier du Japon

FABRIQUÉ

PAR LA MAISON AUSSÉDAT, A CRAN

Les Illustrations sont exécutées d'après les Dessins rapportés
du Japon par l'Auteur
et sur des Documents fournis
Par la COMPAGNIE COMMERCIALE DE LA CHINE ET DU JAPON
(*MM. Worch et C°*), *9, Rue Bleue, à Paris*

MISSION DU MINISTÈRE DE L'AGRICULTURE

A TRAVERS
LE JAPON

CLIMAT — GÉOLOGIE — HYDROGRAPHIE — RÉGIONS
ADMINISTRATION ET ÉCOLE FORESTIÈRES

FORÊTS DOMANIALES ET PARTICULIÈRES

ROUTES — FLOTTAGE — REBOISEMENTS

PLANTATIONS — DESCRIPTION — EMPLOI

DES ESSENCES RÉSINEUSES ET FEUILLUES

PAR L. USSELE

Garde général des Forêts

OUVRAGE ORNÉ DE 90 VIGNETTES ET CARTE

PARIS

J. ROTHSCHILD, ÉDITEUR
13, RUE DES SAINTS-PÈRES, 13

1891

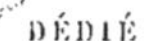

DÉDIÉ
A
SON EXCELLENCE
MONSIEUR YOSHIDA
Ancien Ministre
de l'Agriculture et du Commerce
Conseiller privé
de S. M. l'Empereur du Japon

ÉVREUX, IMPRIMERIE DE CHARLES HÉRISSEY

TABLE DES MATIÈRES

CHAPITRE IV

LES FORÊTS

CHAPITRE V

REBOISEMENTS

CHAPITRE VI

CONCLUSION

Fig. 4. — Maison japonaise en bois.

A TRAVERS LE JAPON

CHAPITRE PREMIER
GÉNÉRALITÉS

L'EMPIRE du Japon est formé d'un nombre considérable d'îles, disposées suivant une ligne N.-E.-S.-O. à peu près droite, commençant au 24ᵉ et finissant au 51ᵉ degré de latitude nord.

On conçoit facilement que des climats très variés puissent subsister entre des parallèles aussi éloignés l'un de

1

l'autre, influant sensiblement sur la végétation de chaque
localité ; mais au point de vue forestier les seules îles
de Yezo, Hondo, Kioushiou, Shikokou, présentent un
sérieux intérêt ; mes études s'étant limitées au sud de
Hondo, à Kioushiou et Shikokou c'est à la région comprise entre les 32° et 37° degrés de latitude nord que
s'appliqueront toutes les observations qui vont suivre.

Climat. — Le climat, est dans ses caractères généraux, régi par les mêmes lois que celui du continent
voisin ; les moussons du nord et du nord-ouest le
refroidissent en hiver ; celles du sud-ouest l'échauffent
et le rendent humide en été.

Alors pourtant que les saisons nettement tranchées
offrent en Chine de larges écarts de température, le
Japon tout entouré de mers possède un climat plus tem-
péré, dans lequel les rigueurs de l'hiver sont adoucies
par un chaud courant équatorial analogue à notre Gulf-
stream.

Formé sur les côtes de Chine, un peu au-dessous du
tropique du Cancer, le Kouroshivo (courant noir) rencontre, en se dirigeant au nord, l'île de Kioushiou.

Là, il se divise en deux bras, pour suivre à l'ouest et
à l'est la longue ligne des terres japonaises que leur
peu de largeur rend d'autant plus sensibles à son action.

Soumise à ces influences, la région qui nous occupe
a dans l'année une température moyenne variant de 13°
au nord à 16° au sud ; la moyenne du mois le plus froid

descendant à 2° dans le nord, celle du mois le plus chaud atteignant 27° dans le sud.

Le Japon est un pays froid relativement à sa latitude, comme on peut s'en rendre compte en le comparant aux régions voisines de la France.

Tokio par 35° 41′ de latitude nord a une température moyenne de 13°,7, alors que Tunis par 36° 48′ de latitude nord a une température de 20″,1. Nagasaki et Lisbonne placés respectivement par 32° 44′ et 38° 42′ de latitude nord ont la même température annuelle de 16°.

On pourrait, d'après ces données, rechercher au Japon une flore correspondant à celles du sud de l'Europe et du nord de l'Afrique, si un élément très important de la végétation, l'humidité de l'air, ne venait plutôt la rapprocher de celle des régions semi-tropicales avec laquelle nous trouvons de nombreuses analogies. Les pluies sont d'une abondance telle — 1430^{mm} par an — (en France, il en tombe en moyenne 660^{mm}) qu'on n'en trouve l'équivalent que dans le N.-E. de l'Amérique et qu'elles ne sont plus fortes qu'en certains points de l'Himalaya.

Sur le littoral méditerranéen, les pluies d'été représentent un dixième environ de la moyenne annuelle ; le Japon reçoit, au contraire, pendant la saison chaude, le double de ce qui est réservé au reste de l'année ; mais encore a-t-il à ce point de vue un grand avantage sur les pays voisins également sujets aux moussons, dans lesquels des torrents d'eau tombent en une seule saison au préjudice de neuf mois de sécheresse. En l'absence de tout autre motif, ne doit-on pas attribuer cette meilleure répartition des pluies à la présence dans les îles d'une grande quantité de forêts, alors que la Chine tout entière est déboisée, que les immenses plaines des Indes ne sont que parsemées de quelques bouquets d'arbres? L'influence des forêts sur les pluies a été nettement constatée dans l'Amérique du Nord pendant le cours du dernier siècle. Des défrichements exécutés sur de grandes étendues ont été suivis de longues sécheresses, entre-coupées de violents orages.

En Europe même, pareille remarque a été faite, en comparant la situation des pays déboisés à celle des rares contrées qui ont encore de grands massifs fores-tiers.

L'humidité relative de l'air est :

PENDANT LA SAISON FROIDE	PENDANT LA SAISON CHAUDE
De 71° au Japon	De 70° dans le sud de l'Europe
De 82° dans le sud de l'Europe	De 84° 9 au Japon

La moyenne annuelle serait donc la même pour les deux régions, mais le maximum d'humidité survient dans nos climats au moment où la végétation sommeille ; en Orient, au contraire, c'est alors que les plantes vivent avec le plus d'activité, que l'air leur offre le maximum de nourriture. On trouve là une des causes du développement rapide des arbres, dont nous aurons maint exemple dans la suite de cette étude.

On peut dire que le Japon est entièrement couvert de

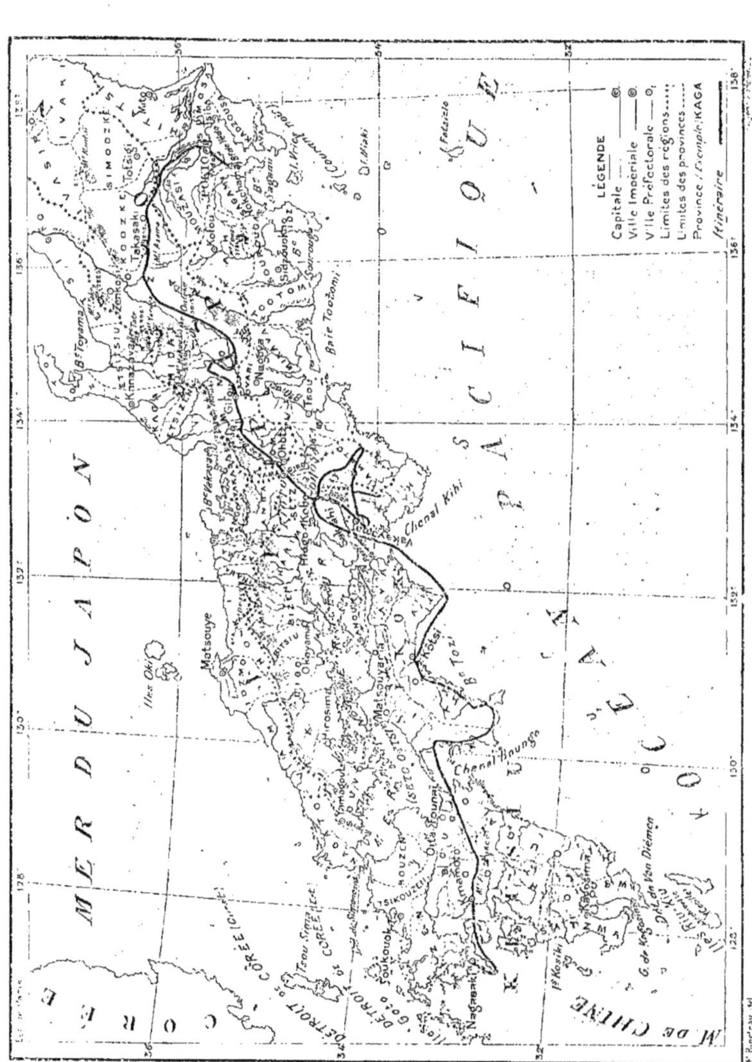

Fig. 6. — Carte du Japon, indiquant par le trait noir le Parcours, suivi par l'Auteur. — Les Noms sont conformes à l'Orthographe de Reclus.

collines et de montagnes ; les vallées utilisées pour l'agriculture n'occupent pas plus d'un dixième du territoire.

Dans les pays riches, dans le voisinage surtout des
grandes villes, la montagne a été dénudée par de mauvaises exploitations et par des excès de pâturage ; il
reste encore des massifs forestiers immenses qui s'éta-
gent jusqu'à près de 3,000 mètres, présentant une variété
de flore des plus riches. L'influence de quelques cents
mètres d'altitude est plus puissante à cet égard que celle
de grands écarts en latitude.

Si l'on rencontre dans le voisinage de la mer, dans
les vallées basses, les essences semi-tropicales, produits
des influences indiquées ci-dessus, on voit aussi des
essences des pays tempérés, des pays septentrionaux de
l'Europe, suivant les étages que l'on traverse et la température moyenne qui leur correspond.

On peut, d'une façon générale, fixer à 500 mètres
la limite d'altitude des essences semi-tropicales locali-
sées dans l'extrême sud du Japon, parmi lesquelles se
trouvent, comme sous nos méridiens d'Europe, des
bambous, des palmiers, des lauriers, etc. ; à la partie
supérieure de cette zone viennent en abondance les
chênes verts, les pins du sud de la zone tempérée, qui
est elle-même représentée de 500 à 1,500 mètres
par le châtaignier, le marronnier, le hêtre ; puis, de là
aux limites de la végétation (2,400 mètres en moyenne),
le sapin et le mélèze caractérisent les régions froides.

Plusieurs botanistes, entre autres A. Gray, Savatier

Rein, après avoir reconnu la grande variété d'essences forestières qui constituent les massifs du Japon [1], ont recherché quelle pouvait en être la répartition sur d'autres points du globe.

La région nord-est de l'Amérique est celle dont la végétation offre le plus de caractères communs avec celle du Japon ; à de grandes distances, les flores forestières des deux pays sont presque identiques, la composition, l'allure des peuplements même, ne diffèrent que très peu.

Je ne signale ce fait curieux que pour montrer l'influence supérieure à toute autre (si l'on en excepte la température) des pluies et de leur répartition sur les végétaux ; car la région nord-est de l'Amérique reçoit annuellement la même quantité d'eaux réparties dans les mêmes saisons que le sont les pluies au Japon. De plus, je n'ai rencontré aux Indes que peu d'arbres de la flore japonaise, mais lorsque j'en trouvais quelques-uns, c'était dans la région moyenne de l'Himalaya où, pendant l'été, les moussons viennent déposer une quantité d'eau assez considérable.

Géologie. — La géologie du Japon n'a, dans cette étude, d'autre importance que de spécifier les sols préférés par chacune des essences principales, ce qui sera fait dans les monographies qui vont suivre. Je me bor-

---

1. — D'après le D' Asa Gray les essences forestières sont représentées :
En Europe par 33 genres et 85 espèces,
Au Japon et en Mantchourie, par 66 genres et 168 espèces,
Dans l'Amérique nord-est par 66 genres et 156 espèces.

nerai à signaler à ce sujet la grande rareté des terrains calcaires et la prédominance des roches cristallisées anciennes ou des schistes.

Les roches plutoniques, plus particulièrement le granit, constituent la grande masse des soulèvements. On peut les apercevoir presque partout dans le sud de Hondo, mais ,dans les îles de Kioushiou et de Shikokou, elles sont fréquemment recouvertes de schistes, que l'on croit siluriens ou dévoniens, mal déterminés en raison de la rareté des fossiles et des faibles connaissances géologiques locales. Enfin les terrains volcaniques se rencontrent un peu partout, au hasard des cratères éteints ou en activité, disséminés dans tout le pays.

Historique de la Propriété forestière. — Depuis les débuts de la civilisation japonaise jusqu'au xii⁰ siècle, le Mikado était l'unique propriétaire de tout le Japon, dont les habitants devaient payer, comme fermiers, une redevance proportionnelle à l'étendue des terrains cultivés. Pendant des périodes de troubles, sous des règnes de princes faibles, il se forma peu à peu une aristocratie militaire au détriment des prérogatives impériales. Elle partagea entre ses membres tout le territoire, perçut les taxes imposées sur les cultures, s'appropria les immenses forêts non utilisées jusqu'alors. Quelques-unes, situées dans le voisinage des villes et des grands cours d'eau, furent abandonnées aux vassaux moyennant une redevance annuelle. Elles furent mises en exploita-

tion, et les fermiers, après quelques générations, en
vinrent à considérer comme leur propriété personnelle

Fig. 7. — Temple en bois.

ce qu'ils ne possédaient réellement qu'à titre de loca-
taires. Survient la révolution de 1868, la féodalité est

2

abolie, les propriétés seigneuriales sont confisquées, aussi bien que celles des établissements religieux enrichis par les donations des fidèles : le domaine de l'État est ainsi constitué avec des forêts à peu près vierges. Les anciens vassaux rendus à la liberté sont propriétaires des terrains qu'ils mettaient en valeur, et la forêt communale, aussi bien que la forêt particulière, commencent à exister telles que nous les concevons en Europe.

Il résulte de ce qui précède, que l'État se trouve propriétaire des forêts voisines des temples, des grands massifs éloignés de tous centres populeux, que les particuliers ont au contraire les bois les plus rapprochés des villes, les plus facilement exploitables; il en résulte aussi que l'État a des forêts non aménagées, que les particuliers ont des cultures forestières soumises depuis longtemps à des règles empiriques et en pleine production.

On ne connaît pas exactement la surface du Japon évaluée pourtant sur les documents officiels à 37,978,244 h. Celle des forêts n'est aussi qu'approximative; d'après les dernières estimations elle comprendrait 12,691,758 h. dont 6,367,897 de propriétés domaniales et 6,323,864 appartenant aux particuliers. On pourrait croire que la situation des forêts de l'État, leur défaut de culture, constitue une infériorité grave vis-à-vis des forêts particulières; il n'en est rien. Si de grandes dépenses sont nécessaires pour la création de chemins de vidange, pour l'organisation du service forestier et des aménagements, on trouvera le moyen de couvrir ces frais en retirant

des peuplements, des arbres précieux, tels que le hinoki,
le keaki, qui deviennent rares chez les particuliers et
sont très recherchés dans le commerce.

Un des plus beaux temples de Kioto est actuellement
en construction aux frais des fidèles qui offrent non
seulement de l'argent, mais les pièces de bois nécessaires
pour la charpente de l'édifice. La toiture est supportée
par des colonnes en keaki, hautes de 8 mètres, ayant
4 mètres de tour, au nombre de 140. L'Etat n'exploitant
pas encore les forêts où l'on eût pu trouver des arbres
de cette dimension, on dût aller les chercher jusque
dans l'île de Formose, et après la mise en place de ces
énormes fûts, le prix de revient de chacun d'eux s'est
élevé à 3,300 francs. C'est là un indice de la rareté des
gros bois chez les particuliers et de la grande valeur des
réserves possédées par l'Etat,

La rareté du calcaire d'une part, la fréquence des
tremblements de terre de l'autre, ont engagé les Japonais à n'employer presque exclusivement que le bois
dans leurs constructions.

On ne pourrait citer comme exception à cette règle
que les bâtiments administratifs en briques, établis récemment sur le modèle européen, ou les lourdes mu-
railles des places fortes formées de blocs de granit aussi
volumineux que ceux employés dans les murs Pelas-
giques et dans les temples de la haute Egypte. Les
artistes indigènes sont depuis longtemps habiles à construire des édifices en bois, dont les grandes lignes sont

aussi monumentales que les détails en sont soignés. Pour
donner une idée de l'importance de leurs travaux, je citerai de nouveau le temple de Kioto dont le devis s'élève
à 23 millions de francs.

Les métaux sont relativement peu employés; on utilise le plus souvent possible le bois dans la confection
des ustensiles de ménage; les briques, les tuiles, les
conduites en terre sont remplacées par des ouvrages
en bois ; en un mot la forêt suffit à une grande partie
des nécessités journalières; aussi bien ne doit-on pas
s'étonner qu'elle ait été jadis l'objet d'un culte qui
s'est continué jusqu'à nos jours.

On trouve encore des temples élevés aux divinités de
la forêt, on trouve des autels qui n'ont d'autre abri que
le couvert élevé d'arbres séculaires, sous lesquels les
prêtres entretiennent une religion analogue à celle des
anciens Gaulois.

L'origine même des arbres est sacrée : suivant une
tradition Shinto, l'un des héros de l'antiquité, apporta
de contrées éloignées, dans les plis de sa robe, les graines de toutes les essences; suivant une autre, le kousou
(camphrier) naquit des poils de ses sourcils, le maki de
ceux de son dos, le hinoki de ceux de son ventre et le
segni de ceux de sa barbe.

C'est encore de nos jours, que dans la province de
Yamato, les femmes croient accomplir un pieux devoir
en sacrifiant leur chevelure, pour en entourer dans les
plantations les jeunes cryptomérias, qui échappent par

ce procédé à la dent malfaisante des cerfs et des chevreuils.

Le cryptoméria, en raison de sa grande abondance, de ses qualités ornementales, de la multiplicité de ses usages, plutôt que de la valeur de son bois, a été spécialement attribué à la divinité; dans les grands parcs, dans les forêts ou le long des allées qui avoisinent les temples, nulle essence n'est plus commune. Elle y atteint de grandes dimensions, protégée par le sentiment religieux et par les peines sévères qui frappent les sacrilèges.

On voit encore dans la forêt de Kasouga-Yama un arbre noirci par le feu. A quelques pas de là, fut brûlé vif un malheureux paysan qui, surpris par l'orage, s'était abrité dans le tronc demi-pourri du cryptoméria. Son seul crime avait été d'avoir laissé se communiquer à l'arbre le feu qu'il avait allumé pour sécher ses vêtements.

Le hinoki, que la finesse de son grain, sa longue durée, placent au premier rang des résineux japonais, est sacré pour les membres de la religion shinto; les portiques, les principales pièces de leurs temples doivent être construits avec ce bois à l'exclusion de tout autre.

La législation ancienne avait pris soin de protéger la forêt, tantôt dans son entier, tantôt dans ses bois les plus précieux; le voleur d'arbres pouvait être puni de mort; le propriétaire ou l'usager exploitant un arbre devait en planter un autre. Dans la région du Kiso, depuis plusieurs siècles les princes avaient réservé pour la seule construction des palais et des temples tous les bois précieux du pays (hinoki, sawara, nedzouko, hiba et koyamaki). Comme compensation, leurs vassaux étaient autorisés à prendre dans les propriétés seigneuriales tous les bois de valeur inférieure, nécessaires à leurs usages journaliers.

Une exception était faite à cette règle lorsque le daïmio pour récompenser un de ses sujets, lui faisait don d'un arbre situé à une, deux, trois lieues ou plus du périmètre de la forêt. « *Un arbre de deux lieues,* » telle était l'expression employée dans ce cas, avait plus de valeur qu'un arbre d'une lieue, car le bénéficiaire avait le droit d'ouvrir à travers les peuplements un passage pour le transport de cet arbre et de s'approprier les bois ainsi abattus, quels qu'ils fussent.

Protégées de la sorte, les forêts du Japon se seraient conservées en parfait état jusqu'à nos jours, si pendant la dernière révolution, le défaut de surveillance n'avait permis de nombreux vols commis sur les plus beaux arbres des peuplements. Telles qu'elles sont, elles constituent encore de beaux massifs couvrant le tiers de tout le territoire, promettant pour l'avenir, avec la gestion intelligente du personnel forestier en voie d'organisation, le revenu le plus important de l'Empire.

L'Administration forestière. — Le service forestier, dans les années qui suivirent la révolution, fut confié à des fonctionnaires attachés à chacune des préfectures. Ce n'est que depuis fort peu de temps que des conservations ont été établies, comprenant toute une hiérarchie analogue à la nôtre, et encore n'existent-elles pas partout. S'il y a des conservateurs à Ayematsou et à Gifoa, ce sont encore des bureaux préfectoraux qui administrent à Ozaka et à Kumamoto. Les chefs de ces services, quels que soient leurs noms, ont aujourd'hui une origine commune ; les conservateurs sortent pour la plupart des bureaux et les uns comme les autres ont acquis au Japon même, les connaissances très sérieuses qu'ils possèdent. Je ne puis citer comme de rares exceptions que quelques agents forestiers qui ont fait des études spéciales en Allemagne et sont depuis peu revenus dans le pays. Une école forestière fut créée en 1882 près de Tokio pour le recrutement d'un personnel qui sera mis au courant de tous les procédés de culture usités en Europe, mais la durée des études étant de cinq années, elle n'avait jusqu'en 1887 fourni aucun agent à l'administration.

Je donnerai une idée de la composition du service en énumérant le personnel de la conservation la plus importante, de celle d'Ayematsou :

1 conservateur, 2 vice-conservateurs, 2 gardes généraux, 17 gardes généraux adjoints, 1 secrétaire, 3 commis, 5 commis temporaires attachés aux bureaux, 50 surveillants, 9 gardes et 15 gardes adjoints.

Si l'on constate que ce service comprend 2758 forêts d'une surface totale de 779,866 hectares, il semble tout d'abord que le personnel forestier est tout à fait insuffisant ; mais on aurait tort d'établir une comparaison avec nos institutions européennes. L'Etat japonais ne possède que depuis peu de temps un domaine forestier et n'a pu organiser encore tout le personnel nécessaire pour sa gestion ; de plus, les moyens de transport faisant défaut, les aménagements n'étant pas établis, la plupart des forêts restent inexploitées. Les gardes n'ont donc d'autres fonctions que la surveillance des délits et de rares opérations dont l'ensemble constitue un service moins lourd que celui que nous exigeons de nos auxiliaires : le Japonais est très respectueux des règlements, et ce n'est que rarement que l'on a l'occasion de le surprendre en délit.

Le gouvernement s'occupe maintenant d'uniformiser l'administration, de la compléter, de remplir les cadres et de les accroître, d'établir des routes, des maisons forestières et des aménagements ; c'est un travail très complexe et qui exigera plusieurs années.

Lorsqu'on l'aura terminé, le Japon trouvera dans ses forêts une source de richesses presque inépuisable. La production sera sans doute notablement supérieure aux besoins du pays, mais la Chine, depuis longtemps déboisée, sera un marché toujours ouvert dont on ne pourra même satisfaire les besoins. De timides essais de chemins de fer viennent d'être faits sur les côtes de l'immense empire ; il n'y a pas à douter qu'avant une vingtaine d'années ces lignes se développeront, nécessitant une prodigieuse quantité de traverses que l'on sera heureux de trouver au Japon, plutôt que de les aller prendre dans l'Océanie ou chez les sauvages de Formose.

Un code forestier est en préparation, il sera très probablement rédigé sur le modèle du nôtre; il faut espérer qu'il ne tardera pas à être terminé et qu'il mettra un terme aux modes d'exploitation ruineux que les particuliers appliquent dans leurs forêts, à ces abus qui dépeupleraient à brève échéance la moitié des massifs du Japon. Actuellement, l'administration ne peut user pour la protection des bois domaniaux que de règlements ou d'usages locaux; elle est désarmée pour défendre les forêts particulières et communales contre leurs propriétaires souvent maladroits.

Ecole forestière. -- Le Noring Gakkô, collège d'enseignement agricultural et forestier, se trouve dans un des faubourgs de Tokio, à Konaba; c'est là que se forment, depuis 1882, les futurs agents forestiers de l'Etat sous la direction de M. Hazama Matenno et de huit autres professeurs japonais. Deux d'entre eux ont fait leurs études dans les écoles allemandes.

Les bâtiments ou terrains nécessaires à l'enseignement ont environ 79 hectares dont 2 sont spécialement affectés aux études forestières. Comme son nom l'indique, le collège est tout à la fois un institut agronomique et une école forestière. Certains cours sont communs aux 300 élèves qu'elle renferme, d'autres sont spéciaux aux 130 aspirants agents forestiers. La durée des études est de cinq années dont trois et demie passées au collège et une et demie sur le terrain.

Les bâtiments se composent d'une douzaine de pavillons en bois blanc, recouverts de tuiles, conformes au type adopté par les administrations japonaises; à l'exception du dortoir qui est surélevé d'un étage, les constructions ne comprennent qu'un rez-de-chaussée; chacune d'elles a sa destination spéciale, en raison de laquelle elle est aménagée d'une façon particulière, salles de cours, d'études, de physique, de chimie, laboratoire, collections, etc.

Pour éviter les dangers d'incendie trop fréquents, les pavillons sont assez éloignés les uns des autres, disséminés dans les cultures et réunis par de larges allées, bordées de haies en segni et en thé.

Autour du pavillon principal, placé sur une petite éminence, on a réuni la nombreuse collection d'arbres du pays pouvant supporter le climat déjà rude de Tokio, et dont l'ensemble forme un massif de verdure qui fait ressortir la parfaite blancheur du bâtiment.

Je ne veux pas entrer dans le détail de l'enseignement et de l'organisation intérieure de l'école, que M. Reuss a fait très explicitement connaître aux forestiers français dans son ouvrage sur l'Exposition forestière d'Edimbourg. Je ferai pourtant remarquer que si les collections de Noring-Gakkô sont de date bien récente, elles comprennent un assez grand nombre d'échantillons; mais ils me semblent provenir en trop grande quantité de l'extérieur. Je n'ai pas vu qu'il y eût tout spécialement pour les élèves des préparations d'oiseaux, d'insectes, de bois indigènes, au milieu desquelles ils pourraient s'instruire en vue de leurs travaux futurs, sans que leur attention fût distraite par un grand nombre d'échantillons dont l'examen n'est nécessaire qu'aux spécialistes ou aux savants qui veulent compléter une instruction déjà sérieuse. Enfin les sections de bois ne sont qu'au nombre de 52 dont 47 provenant du Japon ; c'est un chiffre bien faible, surtout pour un pays où sont reconnues 168 espèces d'essences différentes. Il est vrai qu'à Tokio se trouve une collection complète de tous les bois, que plus tard l'agent forestier trouvera au chef-lieu de la conservation toutes les sections des arbres qui peuplent la région ; mais il semble indispensable que les professeurs puissent dans le cours de l'enseignement, produire des exemples des faits qu'ils avancent, et que pendant cinq années l'élève « se forme l'œil » pour les bois, comme il le fait pour les arbres sur pied dans le jardin botanique qui est annexé au collège.

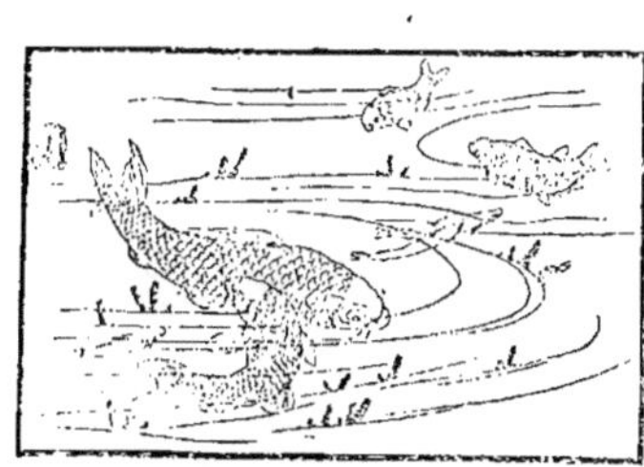

Fig. 9. — *Ficus Wightiana*.

CHAPITRE II

LOCALISATION DES ESSENCES

ANS les notes qui vont suivre nous n'avons point donné une étude détaillée des nombreuses essences que l'on rencontre dans le sud du Japon; elles n'ont trait qu'aux caractères botaniques relatifs à la culture en forêts et s'appliquent aux principales espèces susceptibles d'être élevées en massif, à l'état pur ou en mélange.

DIVISION EN RÉGIONS

Les différences d'altitude provoquent dans la température moyenne d'un pays montagneux de si notables et si fréquentes différences de végétation, que toute autre influence, celle en particulier de la nature géologique du sol, est en comparaison bien faible et bien difficile à établir.

De plus, toutes les essences n'ont pas des préférences absolument exclusives : le momi (*abies firma*), par exemple, se rencontre dans les terrains argileux comme dans les terrains volcaniques, le hinoki (*Chamæcyparis obtusa*), ainsi que le segni (*Cryptomeria japonica*) que son caractère religieux fait planter dans le voisinage des temples, prospèrent dans tous les sols et dans tout le Japon, atteignant partout de fort belles dimensions.

Je vais donc indiquer dans quels sols se rencontrent le plus souvent les essences principales du Japon, sans vouloir ainsi affirmer les préférences de chacune; la localisation constatée pourra provenir tout uniquement de la concordance fortuite de ces terrains avec des zones d'égale température ou d'égale humidité.

C'est dans les sables surtout que se rencontrent les différentes espèces de pins : dans les terrains très pauvres, on trouve, même à l'état pur, des forêts de Kouromatsou (*Pinus Thumbergii*) et d'Akamatsou (*Pinus densiflora*). Ce dernier existe aussi en mélange avec d'autres résineux dans l'argile : enfin l'Imekomatsou (*Pinus Parviflora*), le Gonoyomatsou (*Pinus Koraïensis*), essences relativement rares, sont plus fréquentes dans les sols formés par la décomposition des granits.

Ces terrains, ainsi que les sols argileux, sont ceux où

nous voyons les résineux les plus importants du pays, le hinoki (*Chamæcyparis obtusa, chamæcyparis breviramia, Thuya obtusa*), le Sawara (*Thuya pisifera*), le hiba ou assoussi ou akeki (*Thuiopsis dolobrata*) et le koya-maki (*Skiadopitys verticillata*).

Le Tsouga (*Abies tsouga*), le Karamatsou (*Larix leptolepsis*), le Maki (*Podocarpus macrophylla*); le Tohi (*Picea alcoquiana*) et le Momi (*Abies firma*) fréquentent les terrains légers, les sables légèrement argileux ou les projections volcaniques.

Les grandes cultures artificielles de segni (*Cryptomeria japonica*) sont faites de préférence dans les sols les plus riches, les sables granitiques, argileux et profonds.

Les Kachi et Nara (chênes à feuilles caduques ou persistantes), le Keaki (*Planera japonica*), le Kouri (*Castanea japonica*), le Tsoubaki (*Camellia japonica*), le Bouma (*Fagus Sieboldii*) sont répandus abondamment dans les sols plus ou moins argileux aussi bien que sur les terrains volcaniques dans tout le sud du Japon.

En résumé, le calcaire étant rare, c'est sur les sables argileux que se rencontre, de même qu'en Europe, la plus grande variété d'essences, et celles même qui recouvrent les sables, les sols volcaniques, éprouvent si peu de difficultés à s'acclimater dans des terrains plus riches qu'il y a lieu de considérer les caractères géologiques comme peu importants pour la culture forestière de ces régions.

Plusieurs divisions du Japon en zones forestières

ont été proposées par les botanistes : je prendrai dans
le nombre celle de Mrs Tanaka et Takashima, qui me
semble donner l'idée la plus exacte de la répartition des
essences.

On pourrait pourtant lui reprocher d'être basée sur la
quantité de neige qui tombe annuellement dans chaque
région. C'est là un facteur insuffisant du climat dans la
question forestière, en ce qu'il ne nous renseigne que
sur la période pendant laquelle la végétation est suspen-
due.

On distingue ainsi cinq régions principales :

Région de l'Akô (*Ficus Wightiana*) ;
— du Kouromatsou (*Pinus Thumbergii*) ;
— du Bouna (*Fagus sylvatica*) ;
— du Sirabé (*Abies Veicthii*) ;
— de l'Haïmatsou (*Pinus Koraiensis*).

1° Région de l'Akô. — Cette région est la moins importante de toutes, localisée sur une très faible surface
dans le sud de Kioushiou, à peine indiquée dans
Shikokou où elle ne dépasse nulle part l'altitude de
350 mètres. Elle est produite par les influences réunies
d'une faible latitude et du Kouroshivo, qui vient en ces
points rencontrer les terres japonaises.

Parmi les essences peu nombreuses qui s'y rencontrent, on peut citer l'Akô (*Ficus Wightiana*), le Biro
(*Livingstonia chinensis*), le Nagi (*Podocarpus Nageia*),
le Sotetsou (*Cycas revoluta*), le Foutomomo (*Eugenia
jambos*), et divers orangers, toutes à feuilles larges, per-

sistantes, appartenant aux végétations tropicales. Les seuls bois de construction que l'on en retire proviennent des pins introduits, qui végètent admirablement.

2° **Région du Kouromatsou.** — Plus de la moitié du Japon appartient à cette région qui occupe une grande partie de Kioushiou, de Shikokou et la moitié méridionale de Hondo. Immédiatement supérieure à la première région, dans les provinces où celle-ci existe, la région du Kouromatsou commence le plus souvent au niveau de la mer et se termine à des altitudes plus ou moins grandes, suivant que la localité considérée est plus ou moins voisine du Kouroshivo, plus ou moins rapprochée du sud. On pourrait représenter cette limite supérieure par un plan incliné passant à 1,100 mètres d'altitude au sud de Kioushiou, à 500 mètres au nord de Shikokou et à 250 mètres au nord de la région dans la province de Kaga.

Une ligne nord-sud menée dans l'île de Kioushiou, longue de 315 kilomètres, traverse successivement les provinces de Ichikouzen, Tchikougo, Higo et Osoumi dans lesquelles les essences appartenant à la deuxième région cessent d'apparaître à 650, 750, 1,100 mètres.

Une ligne, partant du sud de Kioushiou, aboutissant au nord de Mino, traverse les provinces de Osoumi, Hiouga, Tosa, Setsou, Yamashiro, Omi et Mino, dans lesquelles la limite supérieure de la deuxième région se trouve respectivement à 1.100, 960, 1,050, 600. 450, 360 et 300 mètres. Tosa est à un degré de latitude au nord de Hiouga, mais subit l'influence immédiate du courant équatorial ; aussi les mêmes essences s'élèvent-elles plus haut dans la première de ces provinces (1050) que dans la seconde (960).

Les arbres les plus répandus, en grande majorité à feuilles persistantes, sont le Kouromatsou (*Pinus Thumbergii*), l'Akamatsou (*Pinus densiflora*), le Kousou (*Laurus camphora*), et d'autres lauracées, les Kachi (chênes à feuilles persistantes), le Segni (*Cryptomeria japonica*), le Tsoubaki (*Camellia japonica*), le Maki (*Podocarpus macrophylla*), le Keaki (*Zelkowa Keaki*, ou *Planera japonica*), plusieurs Naras (chênes à feuilles caduques), etc.

Dans cette zone sont comprises les plus grandes villes et la région la plus peuplée du Japon : elle est d'un accès relativement facile, les chemins assez fréquents, de nombreux cours d'eau permettant d'opérer sans grands frais la vidange des forêts ; aussi n'est-il pas étonnant qu'elles y soient mieux cultivées que partout ailleurs et que les particuliers en possèdent une notable partie.

Le chêne est élevé en taillis pour la production du bois de chauffage et du charbon ; les chênes à feuilles persistantes atteignent de grandes dimensions, 0^{m}80 de diamètre et 25 mètres de hauteur. On les utilise parfois comme bois d'œuvre lorsque les résineux sont rares dans le voisinage. Les Segni provenant des plantations four-

nissent en abondance du bois d'œuvre, de même parfois
que le hinoki (*Thuya obtusa*), qui pourtant se trouve ici
au-dessous de sa zone de croissance spontanée.

En résumé, la région du Kouromatsou n'est pas la
plus riche en essences de grande valeur, mais c'est d'elle
dont on tire actuellement le meilleur parti.

3° Région du Bouna. — La région du Bouna est à peine
représentée dans Kioushiou et dans Shikokou. Plus
répandue dans le sud de Hondo, elle occupe la majeure
partie du centre de l'île, se superposant à la région du
Kouromatsou. La limite inférieure de la zone, assez
nettement tracée dans le sud du Japon, l'est moins
franchement dans le nord : on a dû, à partir du 138ᵉ degré
de longitude, établir une zone intermédiaire dont il n'y a
pas lieu de s'occuper dans cette étude. La limite supérieure varie de 1800 mètres au-dessus du niveau de la mer
dans Shikokou, à 1,500 mètres environ dans le centre de
la grande île : s'abaissant vers l'intérieur des terres pour
se relever au voisinage de la mer.

Les essences à feuilles caduques sont en majorité
dans cette zone et ne sont aussi nombreuses dans aucune
autre. Parmi les arbres les plus fréquents, il faut noter
le Bouna (*Fagus sylvatica*), le Hinoki (*Thuya obtusa*), le
Sawara (*Thuya pisifera*), l'Assoussi (*Thuya dolobrata*), le
Koya-Maki (*Skyadopitys verticillata*), le Tsouta-Momeji
(*Acer pictum*) et plusieurs autres érables, le Tohi
(*Picea Alcocquiana*), l'Onara (*Quercus crispula*), le

Kounougni (*Quercus serrata*), le Momi (*Abies Firma*), etc.

Les plantations de Segni, de Hinoki, de Kounougni sont à peu près les seules cultures forestières de la région ; les massifs forestiers sont d'un accès difficile ; on n'a pénétré dans la plupart d'entre eux que pour en enlever

Fig. 11. — Forêt de Bouna.

les plus beaux arbres et les peuplements ont été ainsi trop souvent appauvris. Mais il en reste encore qui couvrent des espaces considérables où jamais aucune exploitation ne fut faite. C'est là qu'est l'avenir de la forêt domaniale. On y trouvera les essences précieuses entre toutes, les Hinoki, les Sawara, les Hiba de fortes dimensions, susceptibles de procurer d'importants revenus lorsque le gouvernement aura terminé le réseau des chemins de vidange dont il entreprend la construction.

4° Région du Sirabé. — Située à une trop grande altitude et dans des pays très froids, cette région n'a que peu d'importance. Elle n'est pas représentée dans Kioushiou, très peu dans Shikokou, dont elle couronne les sommets les plus élevés vers 1800 mètres.

Fig. 12. — Forêt de Sirabé. *Abies Veitchii.*

Elle apparaît à une altitude un peu inférieure dans le centre de Nippon, entre 15 et 1700 mètres, selon que les montagnes sont éloignées ou voisines de la mer, sans pourtant y occuper une grande surface.

Les deux grandes essences qui la caractérisent sont le Sirabé (*Abies Veitchii*) et le Takemomi (*Abies brachyphylla*). Dans la région que j'ai parcourue, des résineux seuls croissent à cette altitude, donnant des arbres assez beaux, mais dont on ne retire aucun produit en raison

des grandes difficultés de transport que nécessiterait
leur exploitation.

5° Région du Haïmatsou. — A l'extrême limite de la végétation, dans le voisinage des neiges, se trouvent les Haïmatsou (*Pinus Koraïensis*) : ils ne sont l'objet d'aucune
exploitation, et ce n'est qu'exceptionnellement que certains arbres sont abattus pour l'emploi d'un bois assez
estimé.

Cette zone peu importante n'est représentée que dans
le nord de la région que nous étudions, dans les hautes
montagnes du centre du Japon : elle n'a d'ailleurs aucun
intérêt au point de vue forestier.

SUBSTITUTION NATURELLE DES ESSENCES

La répartition des essences que j'ai indiquée n'est pas
d'une parfaite exactitude en tous lieux : des exploitations
maladroites, des accidents peuvent d'une époque à une
autre faire varier sensiblement la composition des massifs.
Depuis un siècle, on a pratiqué des défrichements le long
des ruisseaux dans la province de Shinano ; les habitants
du pays prétendent que la région du Kiso est aujour-
d'hui moins froide, et que vers l'altitude de 1200 mètres
apparaissent des arbres qui jusqu'alors s'étaient localisés
dans une zone inférieure. La limite entre la 2° et la
3° zone tendrait à se relever sensiblement.

Les forestiers japonais ont remarqué que, si de grandes
exploitations sont effectuées à blanc étoc, les peuplements

qui se reproduisent spontanément sont composés d'essences différentes de celles qui existaient précédemment.
Dans le Kiso, par exemple, peuplé de Hinoki, Sawara,
Hiba, Koya-Maki, etc., on voit apparaître le Shirakamba,
l'Oudaïkamba, l'Onara, le Bouna, etc., qui ne disparaissent eux-mêmes devant les essences de la région,
qu'après de nombreuses années.

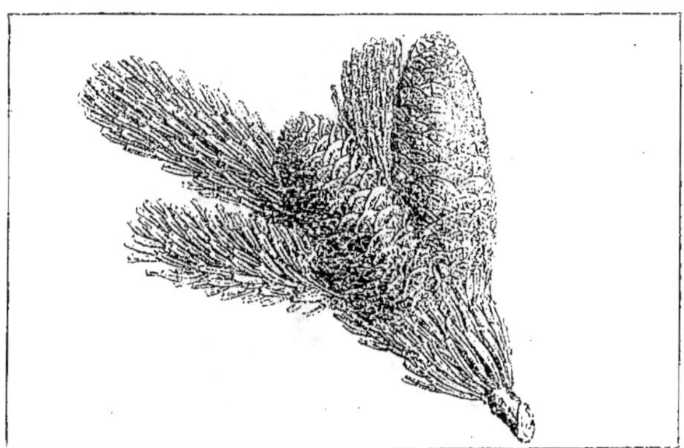

Fig. 13. — Sirabé. *Abies Veitchii*.

Dans d'autres provinces, et à une altitude inférieure,
les coupes faites à blanc étoc font surtout prédominer
les pins. Si l'on enlève des Kachi, des Sii, il apparaît
du Karamatsou, du Konara qui, exploités eux-mêmes,
seront remplacés par d'abondants Akamatsou.

Lorsque la destruction d'une forêt est due à une cause
naturelle, à des éboulements de terrains, à des inonda-

tions, à l'action d'un volcan, de la neige ou du vent, il s'établit quatre périodes de végétation entre le jour de l'accident et le retour du peuplement à sa première constitution.

Tout d'abord apparaissent des arbrisseaux et dans la 3e région, surtout le Shino (*Arundinaria japonica*).

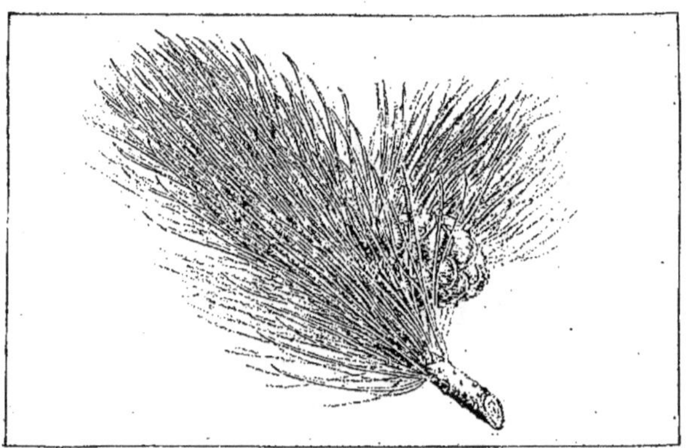

Fig. 14. — Haïmatsou. *Pinus Koraïensis.*

Ensuite l'on voit succéder le Nouroudé (*Saponaria vaccaria*), l'Akamekachi (*Rottlera japonica*), le Yashiya-boushi (*Alnus firma*), le Yama-Hannoki (*Alnus incana*), dans les première et deuxième régions ; le Nouroudé, l'Akamekachi dans la troisième et le Miyama-Hannoki (*Alnus viridis*) dans la quatrième.

La troisième période est caractérisée par le Konara, le Kounougni, le Matsou, le Kachiva dans la deuxième région ; le Shirakamba, l'Adaikamba, l'Ilakoyanagni (*Populus tremula*), le Kachiva, l'Akamatsou dans la troisième et le Takekamba (*Betula Bhojpattra*), le Nanakamado (*Pyrus sambucifolia*) dans la quatrième.

La dernière période représente le peuplement tel qu'il était constitué avant la première, mais l'on doit attendre longtemps avant d'exploiter, sinon le sol serait envahi par les pins sans que le même cycle vînt à se reproduire.

C'est sans doute en vertu de ces lois que, dans le voisinage des grandes villes, dans la province de Mino par exemple, les pins sont d'une abondance extrême, en raison des coupes qui ont dû être effectuées plus fréquentes que partout ailleurs.

Fig. 10. — Forêt mélangée de Segni et Hinoki.

CHAPITRE III

MONOGRAPHIE DES ESSENCES PRINCIPALES

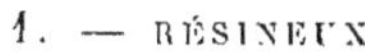

1. — RÉSINEUX

ES Japonais emploient les résineux de
préférence aux feuillus, non seulement
pour les bois de construction, mais dans
la fabrication des menus objets qui servent à leurs besoins journaliers. Les
maisons sont construites entièrement
en bois sans aucun revêtement extérieur : les murs, abrités uniquement par
une toiture très large, restent exposés
à un air constamment humide et les
bois résineux dans ces conditions offrent
plus de durée que les feuillus. Mais dans l'intérieur des

constructions, à l'abri des intempéries, il semble que
l'on rejette trop souvent ces derniers. Certains chênes,
des ormes de bonne qualité pourraient être utilisés avec

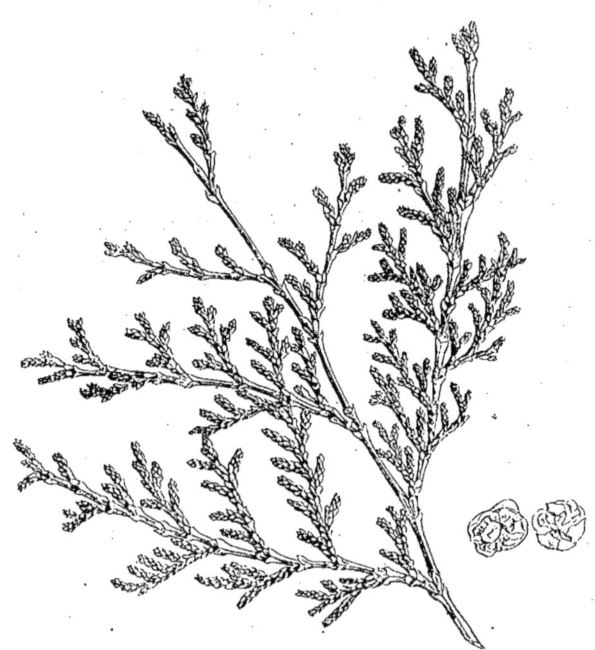

Fig. 18 et 19. — *Chamœcyparis obutsa.*

avantage et on ne les emploie pourtant qu'en l'absence
des résineux qui leur sont inférieurs.

Les toitures sont souvent en hinoki, en segni, les
ponts faits des mêmes matériaux ; on peut en dire

autant des traverses de chemins de fer, de celles même que l'on commence à exporter en assez grande quantité en Chine pour la construction des nouvelles lignes.

Le HINOKI (*Thuya* ou *Retinospora obtusa*) est le plus apprécié de tous les bois du Japon. Plus résistant que

Fig. 20. — Pont en Bois de Hinoki.

les autres résineux, il est léger, élastique, de longue durée. Son débit donne des planches d'un blanc nacré, agréable à l'œil, très employées à l'intérieur des appartements. On ne le vernit pas et le seul travail d'un menuisier habile est nécessaire pour l'ornementation des plus riches maisons japonaises.

La toiture du palais impérial est faite de bardeaux en

hinoki. C'est de ce bois que sont construits les temples
de la religion schinto, desquels toute fastueuse ornementation, toutes dorures ou bronzes précieux sont
bannis. Et néanmoins l'extrême propreté des délicates
boiseries leur donne autour des miroirs et des pende-

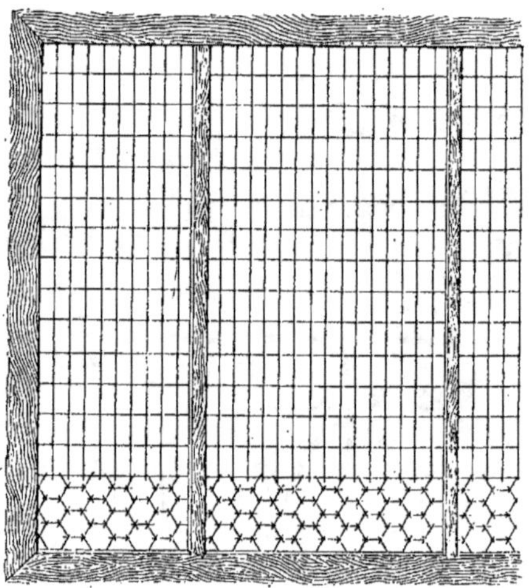

Fig. 21. — Châssis de Fenêtre en Bois de Hinoki.

loques de papier blanc, symboles de la divinité, un
aspect de luxueuse simplicité qui impressionne tout
autant que les richesses entassées dans les sanctuaires
bouddhistes.

Les bois les plus recherchés proviennent des arbres
ayant poussé à une assez grande altitude et très lente-

ment; les couches atteignent alors tout au plus un millimètre d'épaisseur et les qualités ainsi que la beauté du bois sont considérées comme très supérieures. Malheureusement, dans ce cas, l'arbre provient des forêts presque vierges des hautes régions; son tronc

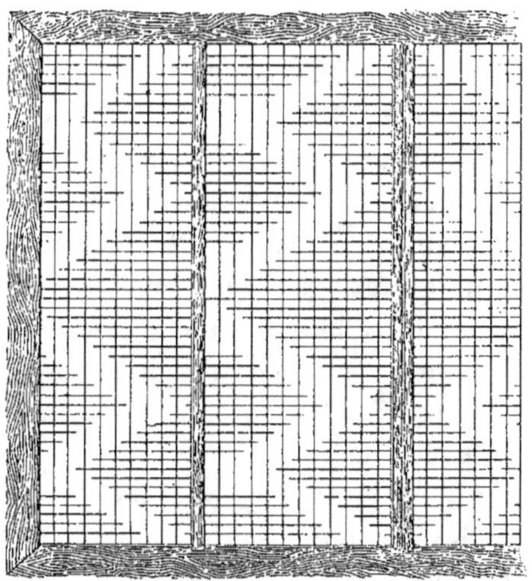

Fig. 22. — Châssis de Fenêtre en Bois de Hinoki.

donne des planches tachées de noir, ce qui est un défaut grave auquel on ne pourrait remédier que par des procédés culturaux inconnus dans ces contrées. Les plantations faites dans une zone inférieure produisent des arbres exempts de cette tare, mais dont la croissance est trop rapide, le bois moins apprécié.

Les belles pièces atteignent un prix élevé. En 1887, on a vendu sur pied, dans la forêt de Tsoukiji (conservation de Gifou), un hinoki ayant 6ᵐ90 de tour au prix de 1000 francs. On estimait au double la valeur du fût rendu sur les chantiers du temple d'Isé auquel il était destiné.

Si le hinoki élevé isolément peut être quelquefois difforme, aucun arbre n'est plus élégant, plus ornemental que lui ; lorsqu'il a crû en massif dans sa jeunesse : il est aussi droit que nos beaux sapins de France ; élancé, portant haut ses branches légèrement relevées vers leur extrémité. Son fût, à l'écorce brun foncé que sillonnent de larges et longues crevasses, conserve très haut sa forme cylindrique. Sa croissance très rapide est pourtant inférieure à celle du Segni ; dans les futaies où les vieux arbres ont dix siècles d'existence, lorsque le hinoki atteint 7 mètres de tour le Segni peut en avoir 12. Dans les plantations, le hinoki de huit ans a 1 mètre de hauteur, 1ᵐ50 à dix ans, 14 à 15 mètres à vingt ans, 18 à 20 mètres à quatre-vingts ans, âge habituel d'exploitation définitive. Pour que ces dimensions soient acquises, il faut que le sol soit assez riche, le terrain en pente sans être trop rapide, qu'il soit abrité contre les grands vents, parce que son faible enracinement, ses branches peu étendues ne lui permettent pas de résister aux tempêtes.

Moins exigeant que le Segni pour les qualités du sol, on lui attribue dans une même région les sols les moins profonds, les moins riches en humus, pour réserver à celui-ci les plus riches terrains[1].

Un abri contre la chaleur lui est nécessaire pendant ses jeunes années et peut-être doit-on sa disparition de certaines localités du Japon à ce que des coupes excessivement claires, faites même à blanc-étoc dans de trop riches peuplements, n'ont pas permis le développement des jeunes semis existant sur le parterre.

Il ne craint pas moins le froid que la chaleur pendant ses premières années; aussi son couvert léger lui convient-il parfaitement, bien que celui des sapins, trop épais, fasse obstacle à sa croissance.

Considéré comme un arbre précieux, le Hinoki est planté le plus souvent possible dans les forêts du gouvernement; tantôt dans celles qui sont pauvres de cette essence, on l'introduit à nombre égal pour remplacer les pieds d'arbres d'autres espèces qui ont été abattus ; tantôt on en fait des plantations sur des espaces considérables, souvent en mélange avec le Segni; à cet effet, de petites pépinières volantes sont établies à proximité de chaque grand massif forestier. Le premier procédé ne constitue pas une méthode culturale particulière, et je ne m'en occuperai pas ici ; le second est identique à celui qui est pratiqué sur une grande échelle pour le

1. — Pour être plus exact, il faut constater que le Segni peut croître dans tous les terrains, alors que le Hinoki s'y refuserait parfois, mais lorsqu'il s'agit d'obtenir rapidement de fortes dimensions, et c'est le résultat désiré par ceux qui établissent des plantations, il lui faut un terrain de meilleure qualité que celui exigé par le Hinoki.

Segni et que j'aurai l'occasion de décrire longuement un peu plus loin.

Cette essence dut être jadis très abondante. D'après les documents officiels cités par M. Dupont, elle se rencontre plus fréquemment que tout autre résineux dans les forêts du gouvernement, représentant plus d'un cinquième de leur totalité. Dans les forêts particulières sa proportion ne serait pas même de un vingtième.

Et pourtant c'est sur elle qu'ont dû porter la plupart des vols commis au moment de la Révolution et l'on doit s'estimer heureux des résultats produits par les mesures préservatrices des anciens régimes.

Les plus beaux fûts sont employés comme bois de charpente, et servent aussi de colonnes dans les temples ou dans les palais; ses planches sont employées dans la menuiserie de luxe; on le recherche pour la fabrication des laques, pour les plus belles toitures; la boissellerie en emploie de grandes quantités; on en fait des rames, des avirons, des baguettes pour la table, etc.

Enfin les copeaux s'utilisent comme des joncs pour tresser des chapeaux et des corbeilles, mais son écorce flexible, qui se détache en longs cordons, est plus communément employée à cet usage. Les usagers de certaines forêts (celle de Koya-San par exemple) ont le droit — et c'est là leur seule fortune — de venir arracher chaque année les écorces sur le tronc des Hinoki qui ne semblent pas souffrir de ce traitement.

Le SAWARA (*Thuya pisifera*), très voisin du Hinoki et aussi ornemental que lui, ne s'en distingue que par ses branches qui restent horizontales sur toute leur longueur; les feuilles, de la même forme, sont un peu blanches à la partie inférieure ; l'écorce grisâtre se détache également en lanières. En raison de leurs exigences communes, ces deux essences sont fréquemment associées et il est rare de rencontrer des peuplements uniquement composés de Sawara.

Ce bois est moins estimé que le précédent, quoiqu'on le place encore parmi les meilleurs résineux ; ses emplois sont les mêmes que ceux du Hinoki, mais les objets fabriqués ont alors moins de durée et de valeur. Sa croissance rapide, les revenus qu'il donne, ont fait introduire assez souvent le Sawara dans les plantations de Segni et de Hinoki.

Le NEDZOU ou NEDZOUKO (*Juniperus rigida*) habite les mêmes localités que le Sawara, a une valeur analogue, mais sa rareté dans les peuplements ne lui permet pas d'avoir quelque importance.

Le HIBA ou ASSOUSSI (*Thuiopsis dolabrata*). — Appartient encore à la famille des Hinoki ; son port est identique à celui du Sawara, les feuilles des deux essences sont difficiles à distinguer, son écorce semblable à celle du pin ne se détache pas du tronc. Moins commun que le Hinoki et le Sawara, il est généralement associé avec

eux dans les hautes montagnes de la région du Kiso.
Son bois de première qualité ne le cède guère à celui
du Hinoki avec lequel on le confond parfois et l'un est
employé aux mêmes usages que l'autre.

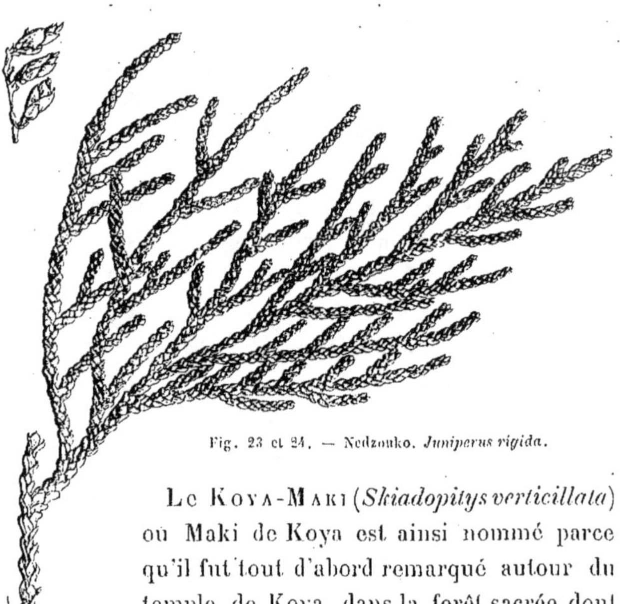

Fig. 23 et 24. — Nedzouko. *Juniperus rigida.*

Le KOYA-MAKI (*Skiadopitys verticillata*)
ou Maki de Koya est ainsi nommé parce
qu'il fut tout d'abord remarqué autour du
temple de Koya, dans la forêt sacrée dont
il forme les deux tiers du peuplement.

Il est pourtant plus abondant dans le centre du
Japon, dans la région du Kiso; on le rencontre là,
mélangé avec le Hinoki et le Sawara à de grandes hauteurs dans des forêts à peu près vierges. On le nomme
quelquefois alors simplement Maki, bien qu'il ne soit

pas de la même espèce que l'arbre de ce nom, assez

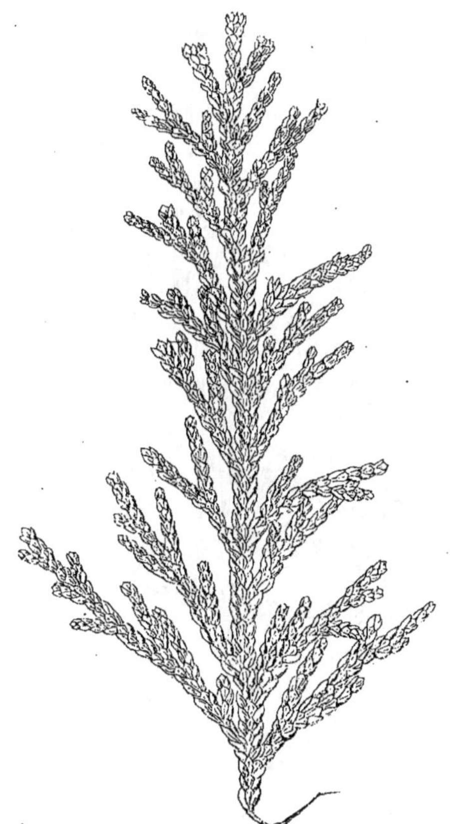

Fig. 25. — Hiba. *Thuiopsis dolabrata*.

semblable au premier aspect, que l'on trouve à un étage bien inférieur.

Son écorce est d'une couleur gris clair, se détache
en lanières que l'on emploie pour la vannerie, ou pour

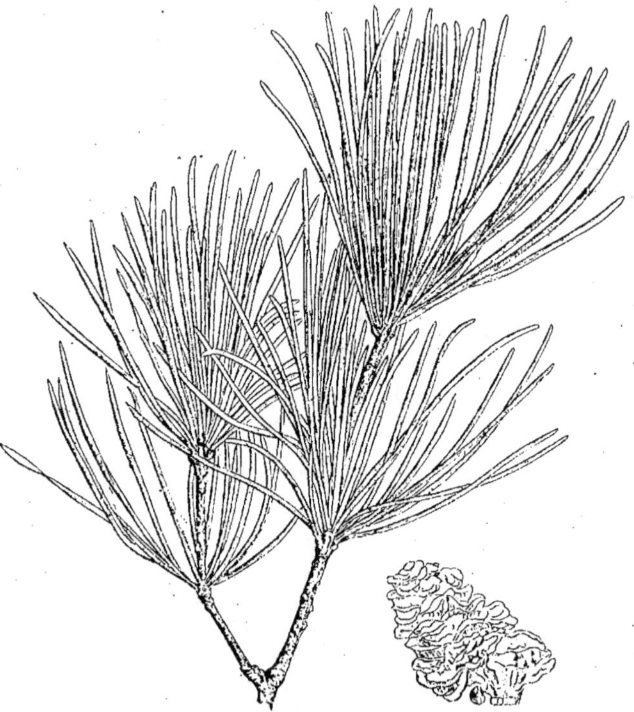

Fig. 26 et 27. — Koyamaki. *Skiadopitys verticillata.*

fabriquer des cordes; son feuillage est d'un vert très
foncé. L'essence résiste bien aux intempéries, croît un peu
moins rapidement que le Hinoki, mais dans le mélange

peut devenir envahissante. A Koya-San elle est, dit-on, beaucoup plus abondante qu'au siècle dernier. Le bois est estimé pour sa résistance et sa beauté ; néanmoins, comme il se trouve dans les terrains où croissent également les Hinoki, on s'efforce de faire prédominer celui-ci aux dépens de celui-là et l'on prévoit même déjà l'époque à laquelle un traitement spécial aura enlevé tous les Koya-Maki de la montagne de Koya.

Le MAKI (*Podocarpus macrophylla*) a une ressemblance extérieure dans son feuillage, dans son port, avec le Koya-Maki. Mais il se trouve à une altitude bien inférieure, dans le bas des vallées. Il n'est pas très répandu, n'est que peu recherché, car son bois ne vaut pas les espèces précédentes ; on l'utilise néanmoins dans certaines localités pour la menuiserie et la grosse charpente.

Le KOUROMATSOU ou pin noir (*Pinus Thumbergii*) a l'écorce d'un gris foncé presque noir. C'est un pin à deux feuilles, le plus abondant de tous les résineux dans le Japon. Ses qualités sont pourtant médiocres, mais sa croissance est rapide et il peut atteindre de grandes dimensions.

Elevé en futaie, il est droit, portant haut son feuillage vert foncé. Elevé isolément, il se tord en tous sens, mais peut encore atteindre 30 mètres de hauteur. C'est dans cet état qu'on le rencontre en gros fûts le long des anciennes routes, dans tout le Japon, alternant avec l'Akamatsou ou pin rouge. Les branches descendent

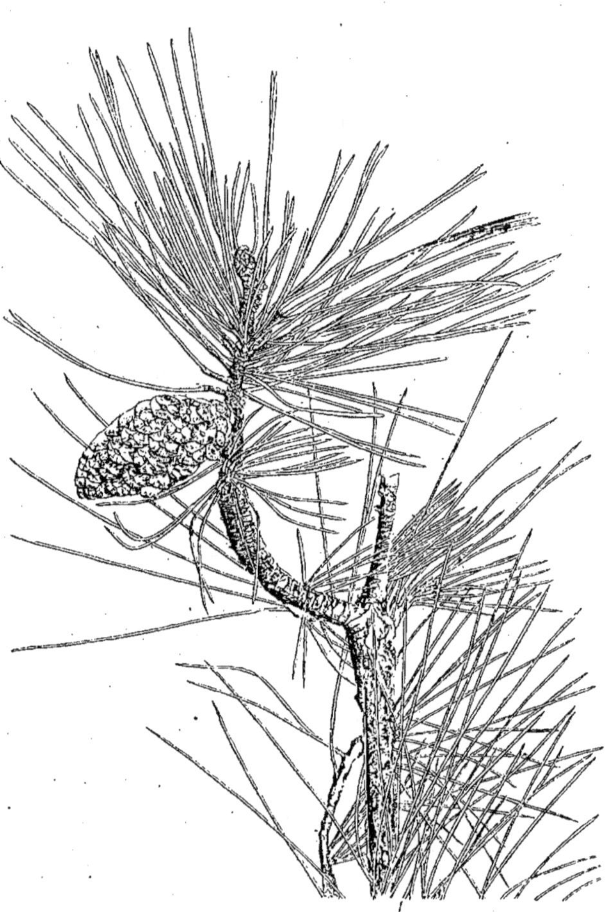

Fig. 23. — Kouròmatsou, *Pinus Thumbergii*.

alors très bas, peuvent devenir très longues en atteignant un âge avancé. Pour en donner un exemple, je citerai les dimensions du fameux pin de Karasaki, que l'on vénère sur les bords du lac Biwa. Cet arbre sacré servit en l'an 675 à amarrer la barque de l'empereur Teutchi-Tennô : il est donc âgé de 1,200 ans au moins. Sa hauteur est de 30 mètres, la circonférence du tronc

Fig. 29. — Pin de Karasaki.

atteint $11^m,10$ à hauteur d'homme, 380 perches servent de support aux branches qui s'étalent en tous sens sur un diamètre variant de 80 à 90 mètres. L'une des branches importantes maintient une grosseur à peu près constante sur une longueur de 36 mètres.

Malgré la mauvaise qualité du bois, comme l'essence est abondante sur le littoral, où elle existe souvent

seule, on l'emploie fréquemment pour la construction.
A peine équarries, les poutres renferment beaucoup
d'aubier et ne peuvent durer longtemps, mais les maisons coûtent peu et les incendies trop fréquents ne leur
permettent pas de vieillir.

Les particuliers en font de grandes plantations à
l'état pur, soit pour le chauffage, soit pour obtenir des
perches de petites dimensions. L'administration forestière ne l'utilise que pour reboiser les vides dans ses
forêts, profitant de sa rusticité et de sa rapidité de
croissance. Elle l'introduit alors avec succès bien au-
dessus de la zone où il existe spontanément et en dehors
des terrains sablonneux où il abonde naturellement.

L'Akamatsou ou pin rouge (*Pinus densiflora*) est un
pin à deux feuilles qui se distingue du précédent par
ses aiguilles, plus courtes, moins fermes, et par son
fût, qui en vieillissant devient rougeâtre au sommet
comme celui du pin sylvestre. Presque aussi abondant que lui, on le rencontre à des altitudes très diverses, tantôt se superposant au pin noir dans une zone peu
éloignée de la mer, tantôt, mais très rarement, dépassant
1,000 mètres et allant se mélanger aux Hinoki, aux Koya-
maki (forêt de Koya-San). Tous les étages intermédiaires en renferment et s'il préfère les sols sablonneux,
nous le voyons aussi en grands peuplements dans les
terrains argilo-siliceux (forêts d'Augura et d'Ata), et
même argileux (forêt d'Itsoumi).

Son bois présente peu de différence avec celui du Kouromatsou; il est résistant, mais il dure peu; on l'estime d'autant plus que sa croissance est moins rapide; dans certaines localités on préfère le pin noir, dans d'autres le pin rouge; mais en général, on fait plutôt de grands reboisements avec ce dernier, suivant des procédés que j'indiquerai dans un des chapitres suivants. Il est très droit en futaie, grandit rapidement, donnant des peuplements de hautes et très minces perches. Sur le bord des routes au contraire, ses branches s'abaissent, le tronc se déforme; l'arbre prend l'aspect de nos pins parasols de Provence.

Ses racines traçantes lui font redouter les grands vents, mais si pour y remédier on constitue des peuplements trop serrés, la tige s'élance trop faible pour supporter les neiges qui s'accumulent au sommet des arbres dans les pays froids, et chaque année les chablis sont nombreux de ce fait.

Il ne faudrait donc installer cette essence que dans les localités abritées contre le vent, où la neige ne tombe qu'en petite quantité : on aurait alors des forêts faciles à régénérer, car la reproduction se fait d'elle-même très abondamment, et les jeunes sujets ne craignant ni la chaleur ni le froid peuvent sans danger se passer d'abris.

Dans les forêts naturelles, le pin rouge est souvent mélangé avec d'autres essences de la même région ; dans les plantations il est le plus souvent à l'état pur; si elles

sont faites par l'État, la révolution est assez longue,
50 ans au moins; la forêt ne donne alors que des bois

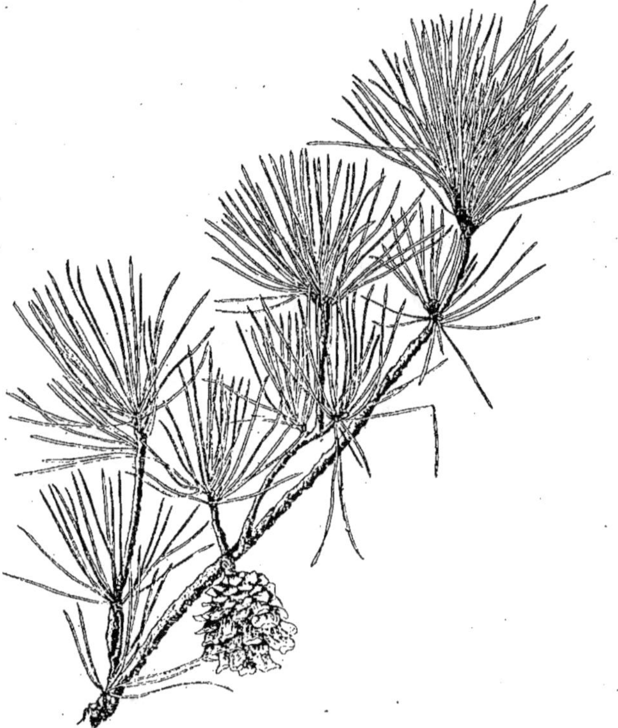

Fig. 30. — Akamatsou. *Pinus densiflora*.

d'œuvre; si elles appartiennent à des particuliers, l'âge
d'exploitation peut varier de huit à trente ans. Les futaies de huit ans (forêt communale de Crocé dans Hondo

et près de Kumamoto dans Kioushiou) ne donnent évidemment que du bois de chauffage puisqu'elles ne dépassent pas 1ᵐ,50 de hauteur. L'avenir du peuplement

Fig. 34. — Momi. *Abies firma*.

est déjà assuré à cet âge au moyen de semis installés depuis deux ou trois ans.

On assure dans le pays que ce mode d'exploitation est appliqué depuis des siècles dans les mêmes forêts.

On ne peut en conclure que le système est excellent, mais cela prouve, que pour résister à un tel traitement, le pin noir doit posséder une vigueur exceptionnelle.

On retire des forêts exploitées entre vingt et trente ans, non seulement des perches utilisées comme bois d'œuvre, comme conduites d'eau, mais du chauffage pour une valeur à peu près égale. Il est fourni par les éclaircies que l'on pratique de cinq en cinq ans et par les émondages que l'on fait parfois porter très haut.

Les pins à cinq feuilles, Goyonomatsou, sont représentés par deux essences analogues au Cembro, ce sont le Goyonomatsou proprement dit ou Haïmatsou (*Pinus Koraïensis*) et le Chiosen-Matsou ou Imekomatsou (*Pinus parviflora*). Je ne les ai rencontrés que dans le nord des régions que j'ai parcourues, à de hautes altitudes, où ils ne formaient que rarement des massifs complets d'arbres peu élevés et tordus en tous sens. Leurs bois sont appréciés, mais peu utilisés parce qu'ils se trouvent habituellement trop loin des routes et des centres de consommation. Au Japon comme en Chine, on les plante dans les villes, près des temples, comme arbre d'ornement, en profitant de leurs longues branches qui, dirigées habilement, donnent à l'arbre l'aspect d'un bateau, d'un homme, d'un animal, etc. L'un des plus beaux spécimens se trouve dans les jardins de Kinkakoudji à Tokio. C'est un pin âgé de cinq cents ans, ayant la forme d'un vaisseau muni de ses rames, de ses mâts et de son gouvernail.

Le Momi (*Abies firma*) le plus commun de tous les sapins, le seul qui mérite une mention comme essence forestière importante, est aussi celui dont les qualités de bois sont très inférieures. On ne peut l'utiliser qu'à l'abri de l'humidité, dans l'intérieur des maisons et encore est-il bientôt endommagé. Dans les peuplements du centre du Japon, à l'altitude de 1,000 mètres et au delà, on le rencontre fréquemment dans le voisinage des Hinoki et des Sawara. Sa croissance est rapide, son port élégant, semblable à celui de l'*Abies pectinata* et l'on en trouve d'autant plus de fortes dimensions (1ᵐ,50 de diamètre, forêt d'Oyama) que dans les exploitations on a préféré abattre près de lui les essences de valeur. Il y a tout lieu de croire que la culture forestière en diminuera la quantité au profit de résineux plus appréciés.

Le Tomi (*Picea Alcocquiana*), le Sirabé (*Abies Veitchii*) et le Tsouga (*Abies Tsuga*) habitent les hautes régions et ne sont que d'un emploi restreint. Les deux premières essences sont pourtant estimées pour la confection des seaux, des baquets, en général des objets qui doivent séjourner dans l'eau. La rareté et la beauté du bois de Tsouga lui donnent une certaine valeur pour la menuiserie. On ne les rencontre guère à l'état de massif pur, bien que l'*Abies Veitchii* soit abondant au sommet des montagnes neigeuses et dans les hauteurs du Kiso.

Le Karamatsou ou Fugi-Matsou (*Larix Lepto-lepis*) est le seul résineux à feuilles caduques, et c'est aussi l'un des meilleurs du Japon ; mais il est loin d'être

Fig. 32 et 33. — Segui. *Cryptomeria japonica*.

commun et on ne peut l'extraire qu'à grands frais des hautes zones où il croît naturellement. Les particuliers en plantent des bosquets dans le voisinage des maisons, lorsque le terrain est très meuble et très perméable. Sa croissance rapide, la valeur de son bois de grande durée et peu sensible à l'humidité, rendent cette culture très rémunératrice.

Le SEGNI (*Cryptomeria japonica*), en raison de sa diffusion dans tout le Japon et des cultures nombreuses dont il est l'objet chez les particuliers comme sur le terrain domanial, est une essence de première importance.

Il est très ornemental, croît très vite et peut atteindre un âge avancé, aussi est-il spécialement consacré aux temples, près desquels on le voit dans tous les pays, tantôt en massifs (temple d'Axan), tantôt en longues allées, dont le plus bel exemple se trouve le long de la route de Nikko. Il croît toujours très droit, n'a généralement qu'une cime en forme de cône, couverte d'un épais feuillage. Parfois, quelques-unes des branches latérales étant brisées, des bourgeons donnent naissance à d'autres tiges qui peuvent devenir aussi grosses que le fût principal et qui lui sont parallèles, l'arbre prenant alors la forme d'un énorme chandelier.

Certains auteurs prétendent que c'est une essence d'origine étrangère, s'appuyant sur ce que le mot *sung* en chinois signifie arbre résineux. Il s'ensuivrait que le nom et l'arbre sont venus ensemble d'outre-mer. La preuve ne me semble pas concluante, mais s'il y eut réellement importation, ce fait doit remonter à une

époque très reculée. Il est fait mention du Segni
dans un ouvrage âgé, dit-on, de 2,560 ans, écrit sous le
règne de Jimnu-Tenno ; il y est appelé le : « le Segni,
arbre donné par les dieux ».

Le monument le plus ancien du Japon, le temple
d'Horiuji, à Nara, a 44 portes en Segni. Chacun des
battants est formé d'une planche prise entre le cœur et
l'aubier; d'après leurs dimensions et la finesse des
accroissements annuels on peut estimer à 1,000 ans environ l'âge des arbres qui les ont fournis. Si l'on ajoute
à ce chiffre 1,250 ans écoulés depuis la fondation du
temple, on a la preuve que cette essence existe depuis
vingt-deux siècles au moins dans le pays.

Qu'elle soit aborigène ou introduite, elle croît admirablement au Japon où elle atteint des proportions
énormes : dans les plantations de la province de Yamato,
les Segni peuvent avoir 30 mètres de hauteur à soixante
ans et 40 mètres à cent trente ans, âge maximum d'exploitation (forêt d'Ilori). En le laissant vieillir, il ne
grandit plus, mais son diamètre s'accroît constamment.
On expose dans la maison forestière de Koyasan une
section, faite à 8 mètres du sol, d'un Segni âgé de cent
quatre-vingts ans ; son diamètre est de 1^m,30. Dans la
forêt de Kasugayama, l'on voit des sujets d'âge inconnu
ayant 9^m,90 de tour, 40 mètres de hauteur dont 16 mètres
sous branches. L'État a refusé dernièrement 60,000 francs
offerts pour 15 arbres de cette dimension. Près du temple
d'Ogo, un arbre sacré a 30 mètres de hauteur, sa cime

est en mauvais état, brisée depuis longtemps, mais le tronc a 12^m,30 de tour à hauteur d'homme. Enfin, dans la forêt de Tsoukiji (province de Nagano) on trouve des Segni en pleine vigueur ayant 12 mètres de tour et âgés, dit-on, de plus de mille ans. Seuls les Sequoïas et les Eucalyptus peuvent atteindre de plus grandes dimensions; aussi le Dr Meyer, de Munich (actuellement professeur au Noving Gakko), croit-il que les gigantesques Sequoïas de la Californie et les Segni du Japon appartiennent à une même espèce, modifiée par des influences climatériques.

Il se rencontre dans des terrains siliceux, argileux et même calcaires (forêt de Kashiwagi), mais pour les plantations, on l'installe de préférence dans des terrains argilo-siliceux très riches en humus. Il ne faut pas pourtant que cette abondance de nourriture soit excessive, car alors la croissance est trop rapide et les bois sont d'une qualité inférieure. On peut, dans une forêt, reconnaître de suite si les arbres ont ce défaut, en examinant leur écorce qui est alors fendue profondément et formée de larges plaques. Dans de meilleures conditions, des accroissements lents produisent des fentes moins larges, moins profondes et surtout plus nombreuses.

Le bois de Segni est peu estimé, mais pour les meilleurs de ses emplois, on recherche celui qui, formé de couches annuelles très minces, provient des très vieux arbres des forêts naturelles, plutôt que de ceux qui ont crû en plantation. S'il est alors dépouillé de son aubier, il peut durer fort longtemps. J'ai déjà cité les portes du temple d'Horiuji qui, si la tradition est exacte, auraient été posées il y a plus de douze siècles. Un autre temple,

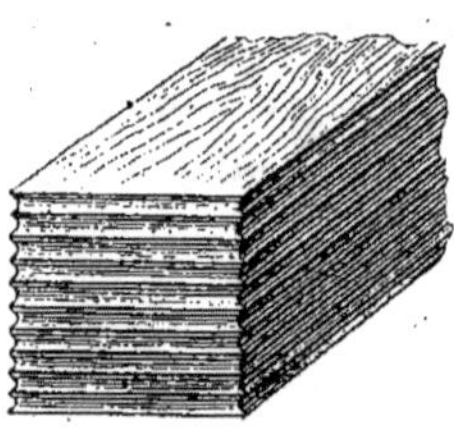

Fig. 34.

celui d'Axan, tout en Segni, est âgé de quatre cents six ans; sa charpente est bien conservée, au moins dans les pièces de bois purgées d'aubier. La seule détérioration qu'aient subie les poutres exposées à l'air humide, consiste en des sillons profonds de 1 à 2 ou 3 millimètres, creusés par les agents atmosphériques dans les couches tendres du bois, alors que les zones cornées restaient intactes (fig. 34).

Mais ce sont là des exceptions; on emploie le plus souvent tout le produit des plantations : le bois rouge aussi bien que l'aubier blanc sont utilisés après un équarrissage sommaire ; souvent même, l'arbre est seulement écorcé, et dans ce cas, pour éviter les fentes qui se produiraient par suite

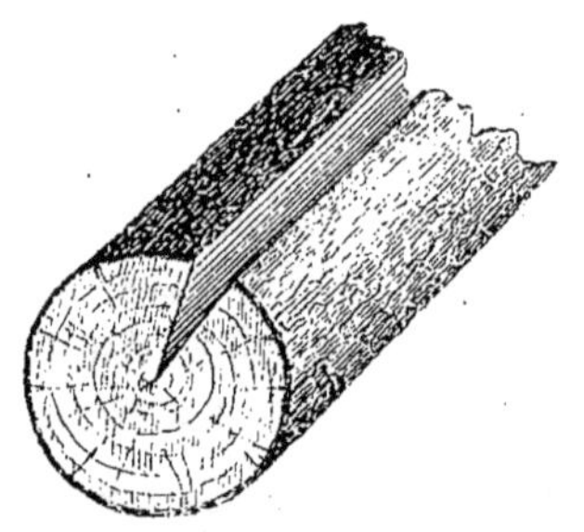

Fig. 35.

du retrait du bois et nuiraient à l'effet ornemental, on détache un mince secteur du cylindre pour que les variations de volume s'exercent toutes sur le vide ainsi produit.

Il est impossible d'énumérer les multiples emplois du Segni ; aussi souvent qu'un objet de menuiserie ou de tonnellerie doit être établi à peu de frais, ou ne doit

Fig. 36. — Construction en Segni.

avoir que peu de durée, c'est son bois que l'on utilise.

Lorsque des villages se trouvent à proximité de grandes

plantations, ils sont entièrement construits en Segni :
la toiture elle-même, formée de larges plaques de son
écorce, est empruntée à cet arbre.

Dans les provinces du sud, lorsque les taillis de chênes
sont rares, on élève des futaies de ce résineux qui fournissent du bois de chauffage. Dans ce but, on élague
tous les ans, jusqu'à 1 mètre du sommet, tous les arbres
plantés assez loin les uns des autres pour que les branches gourmandes soient le plus nombreuses possible.
On obtient ainsi des peuplements dont l'aspect général
rappelle celui des houblonnières d'Allemagne.

On en fait des haies en le plantant très serré et le
taillant très bas ; on en retire une résine blanche très
appréciée dans le nord ; on fabrique des cordes avec
son écorce ; planté isolément dans les parcs, il y produit
un effet très ornemental avec ses branches en forme de
cône régulier qui s'abaisse jusqu'au sol. Si plusieurs
arbres sont voisins, les racines étalées hors de terre se
soudent entre elles. Je me souviens d'avoir vu six arbres
placés en ligne, le long d'une route, qui s'étaient ainsi
réunis, de telle sorte qu'une section horizontale, faite à
la hauteur convenable, eût pu donner une planche
longue de 10 mètres.

Une grande rapidité de croissance permet de retirer
de grands revenus des plantations, tout en vendant les
produits à bas prix ; aussi les particuliers ont-ils géné-
ralisé sa culture qui représente un cinquième de toutes
leurs propriétés forestières. Elle est surtout répandue

dans la province de Yamato, dans laquelle un Japonais venu des îles du sud l'introduisit au xvie siècle, telle qu'elle existe actuellement.

2. — FEUILLUS

Les essences feuillues ne sont que peu appréciées pour la production du bois d'œuvre. Il est fait pourtant des exceptions en faveur du Keaki, dont les qualités exceptionnelles ont été reconnues, et de quelques autres essences relativement rares disséminées dans les peuplements et que l'on emploie pour la menuiserie de luxe en quelques ouvrages qui n'offrent qu'un faible débouché. Souvent on défriche des montagnes peuplées de chênes pour installer à leur place des plantations de résineux, Segni, Hinoki, Sawara, etc.

Ce sont pourtant les essences feuillues qui dans les forêts du Japon sont les plus nombreuses en variétés d'espèces, sinon comme nombre de pieds ; il n'est pas de sols, d'altitudes, où l'on n'en rencontre en plus grand nombre que les espèces résineuses.

En dehors des exceptions que j'ai mentionnées pour le bois d'œuvre, on n'en tire parti que pour obtenir du bois de chauffage et fréquemment alors, on voit de grandes plantations de taillis aménagées pour satisfaire à la demande des villes.

La grande diffusion des feuillus, la vigueur de leur végétation font espérer que, dans un avenir prochain,

lorsqu'on se sera rendu compte de leurs qualités, il
sera possible d'en élever en futaie pour leur faire produire une quantité notable de bois d'œuvre.

Le Kéaki (*Planera japonica* ou *Zelkowa Keaki*) tient
le premier rang parmi les essences japonaises. Nulle
autre ne lui est préférable pour les emplois qui exigent
une grande résistance, beaucoup d'élasticité, une
longue durée. L'huile contenue dans ses vaisseaux le
rend à peu près insensible à l'action de l'eau ou des
agents atmosphériques ; aussi rencontre-t-on souvent des
pièces de charpente très anciennes qui, de tout temps
exposées à l'air, n'ont point été détériorées.

Le bois est gris, plus ou moins brun suivant les localités ; les lignes ondulées du bois d'automne le font res-
sembler à l'orme, mais les canaux du bois de printemps
sont sensiblement plus gros. Lorsqu'il doit être détaillé
en planches pour l'ameublement de luxe, on recherche
les bois dont les accroissements ondulés donnent une
moucheture du plus bel effet. Les pièces de fortes dimensions sont utilisées pour former les colonnes des
temples et des palais. A Kioto, dans le temple de Nishi-
Hon-Gwanji, on compte 140 colonnes cylindriques ayant
3^m,60 de tour ; un grand nombre d'autres de formes
rectangulaires ont 0^m,60 d'équarrissage.

Par suite de la demande qui en était faite et des prix
élevés qui en étaient offerts, ces bois ont rapidement
disparu dans les forêts particulières, ou du moins celles-

Fig. 37. -- Keaki. *Planera japonica*.

ci n'en contiennent que des sujets de faibles dimensions. C'est l'Etat qui l'a protégé dans ses domaines, le
cultive en futaies pures ou mélangées. Les plus beaux
massifs se trouvent dans le S.-E. de Hondo et dans
Shikokou. Il peut croître rapidement lorsqu'il est dans

Fig. 38 et 39. — Onara. *Quercus crispula.*

un sol argileux, divisé, riche en matières nutritives ; il
pousse très droit, se dépouille de bonne heure des branches basses et donne ainsi de magnifiques bois de charpente ; mais on préfère pour la menuiserie les produits
d'une croissance plus lente, dont les bois mieux maillés,
plus ornementés, aux reflets métalliques, atteignent un
prix plus élevé.

Le Hénoki (*Celtis australis*) appartient comme le

Kéaki à la famille des Ulmacées, et vit dans les mêmes régions ; il possède lès mêmes qualités à un moindre degré, mais son aspect est moins beau ; il est moins répandu dans les peuplements et n'a, par suite, qu'une importance très secondaire dans les forêts.

Les chênes sont d'une extrême abondance : Franchet et Savatier en reconnaissent dix-huit espèces que les Japonais divisent en deux grandes catégories : Nara (chênes blancs) et Kachi ou Sii (chênes verts). Je citerai d'après la classification de MM. Matsoumoura et Matabe :

CHÊNES BLANCS	CHÊNES VERTS
Quercus crispula. Onara (var.)	*Quercus acuta*. Akakachi.
Q. grosseserrata. Midzou-Nara.	— Okakachi.
Q. dentata. Kachiva.	*Q. cuspidata*. Siinoki.
	Q. glabra Matekachi.
	— Mateba Sii.
	— Satsouma Sii.
Q. glandulifera. Konara.	*Q. glauca*. Shirakachi
	Q. forma glabra. Ourajirokachi
Q. serrata. Kounougni.	*Q. gilva*. Ichiikachi.
Q. pinnatifida. Hagoromo-Ka-chiva.	*Q. lacera*. Iriou kachi.
	Q. lœvigata. Okachi.
	Q. phyllireoïdes. Imamekachi:
	— Ouhamekachi.
	Q Salicina. Hosobakachi.
	Q. sessilifolia. Tsoukoubaneka-chi.
	Q. sessilifolia. Yanagikachi.
Q. variabilis. Abemaki.	*Q. Thalassica*. Arakachi.

Les chênes se trouvent surtout dans les deuxième et

troisième régions. les chênes à feuilles caduques, dans une zone relativement supérieure à celle des chênes

Fig. 40 et 41. — Konara. *Quercus glandulifera.*

à feuilles persistantes ; néanmoins ceux-ci ont été souvent enlevés des régions où ils croissaient spontanément pour faire place aux chènes blancs d'une végétation plus rapide, et d'une qualité supérieure comme bois de chauffage.

Fig. 42 et 43. — Kounougni. *Quercus serrata*.

Les chènes verts offrent une plus grande variété et sont aussi plus abondamment représentés; si les Nara sont plus recherchés comme bois de chauffage on préfère au contraire les Kachi pour en tirer du bois d'œuvre d'un emploi limité à quelques usages spéciaux.

Il est à remarquer au sujet de ces essences que les chênes blancs ou verts sont, de même qu'en Amérique, très fréquemment garnis de touffes de gui (*Viscum album* et *Viscum articulatum*), fait assez rare dans nos climats.

Parmi les Nara, deux chênes seulement sont assez répandus et estimés. Ce sont le Kounougni (*Q. serrata*) et le Kachiva (*Q. dentata*).

Le KOUNOUGNI (*Q. serrata*) que l'on rencontre depuis le centre de Hondo jusque dans Kioushiou, est souvent mélangé aux chênes à feuilles persistantes ; son bois a la qualité des chênes de France, mais néanmoins ce n'est qu'en taillis qu'il est élevé et exploité à des âges variant de huit à dix ans chez les particuliers et de dix à quinze ans dans les forêts domaniales. Sa croissance est assez rapide pour lui permettre d'avoir 0^{m},45 de tour à dix ans. Aussi les forêts donnent-elles d'assez beaux revenus. Dans la forêt domaniale de Tôno-Mine (*province de Yamato*), les coupes faites à l'âge de quinze ans donnent un rendement net de 1,200 francs à l'hectare. Ce prix élevé est dû au voisinage d'Ozaka, où le bon bois de chauffage est vendu 5 francs les 100 kilogrammes.

Le plus souvent la coupe est faite à blanc étoc, quelquefois on applique le furetage tel qu'il existe dans nos contrées. Les arbres sont coupés généralement à 10 ou 20 centimètres de terre ; dans la préfecture d'Ozaka il est ordonné par les agents forestiers de laisser une souche en forme de gouttière qui doit mieux protéger, dit-on, les rejets, que la souche en forme de sifflet préconisée en France ; la scie et non la hache doit être employée par les ouvriers : la section est plus nette provenant de la scie, la hache au contraire fait une section irrégulière et détache l'écorce au grand préjudice des futurs rejets. L'abatage des bois en hiver, pratiqué chez les particuliers, est défendu dans les coupes domaniales où les exploitations ne peuvent commencer qu'à la fin du mois de mars.

On en fait de grandes plantations et des pépinières sont installées tout spécialement dans le voisinage des forêts. Comme elles ne diffèrent pas d'autres plus importantes faites pour des résineux, je n'en ferai pas de description spéciale, remettant au chapitre suivant une étude plus détaillée de ce sujet.

Il est rare que l'on rencontre des Kounougni de grandes dimensions, mais j'en ai vu pourtant dans des futaies de Hinoki et de Sawara qui atteignaient 1 mètre de diamètre.

Le KACHIWA (*Q. dentata*) aux larges feuilles, profondément dentées, est moins commun que le précédent ; il ne se plaît pas dans les régions trop chaudes et s'élève plus haut dans les montagnes que le Kounougni. Si on le rencontre parfois traité en taillis simple, il est plus fréquent en grands arbres dans les futaies de résineux, mais son bois n'a qu'une valeur médiocre et, bien qu'il atteigne de fortes dimensions, il est assez peu employé. Son écorce, riche en tannin, est employée pour la préparation des peaux.

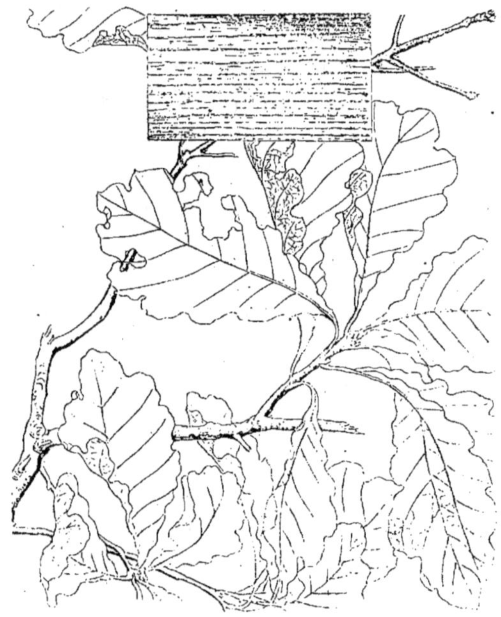

Fig. 44 et 45. — Kachiva. *Quercus dentata.*

Parmi les chênes à feuilles persistantes, les plus répandus sont l'Akakachi (*Q. acuta*), le Shirakach (*Q. glauca*) et l'Ichiikachi (*Q. gilva*), tous donnant des bois supérieurs à ceux de leurs congénères, nerveux, élastiques, susceptibles d'être élevés en futaies pour la production du bois d'œuvre.

L'Akakachi ou Obakachi se trouve répandu par-

Fig. 46 et 47. — Shirakachi. *Quercus glauca*.

tout au sud de 36e de latitude, depuis le niveau de la
mer jusqu'à l'altitude de 800 mètres.

Il ne forme pas de massif, mais est facile à reconnaître dans les peuplements à son fût élancé, à son écorce lisse, à ses longues feuilles mucronées, entières, de plus grandes dimensions que celles de ses congénères. Il n'est l'objet d'aucune culture spéciale ; sa croissance n'est pas très rapide, néanmoins dans le voisinage des villes, on l'exploite à courte révolution pour obtenir un bois de chauffage de seconde qualité, et même pour cet emploi, il est peu recherché. Dans les futaies on le néglige, et souvent on l'arrache pour faire prédominer dans les peuplements les essences résineuses.

Le Shirakachi est une essence plus méridionale, donnant un bois de très bonne qualité ; il existe assez souvent dans les futaies des provinces méridionales où il croît rapidement en grands arbres de belle venue. On l'utilise quelque peu pour la fabrication des bateaux, des rames, des avirons, et même alors, dans un contact permanent avec l'eau, il est de longue durée.

L'Ichii (*Q. gilva*) est localisé dans les mêmes régions ; il donne un bois de valeur égale à celui du Shirakachi, est employé aux mêmes usages. Dans les forêts domaniales il est réservé, lors des exploitations, par une clause du cahier des charges avec d'autres essences rares et utiles, telles que le Kouwa (*Morus alba*) et le Iousou (*Distylium racemosum*).

Le Bouna (*Fagus Sieboldii*) qui caractérise la troisième région s'y trouve abondamment représenté. Dans les plus hautes régions du Kiso, au milieu des forêts vierges, on assure qu'il atteint jusqu'à 20 mètres de circonférence à la base. Son bois est semblable à celui que donne cette essence dans nos pays ; mais comme on trouve cet arbre dans les localités où abondent les

Fig. 48. — Fagus sylvatica. *Bouna*.

espèces préférées entre toutes par les Japonais, comme ces localités sont généralement éloignées des lieux de consommation, on n'en tire que rarement parti pour faire des outils agricoles et du charbon.

Le Kouri (*Castanea japonica*) est très commun sous toutes les latitudes ; dans le centre et le sud du Japon, les particuliers en élèvent de grandes forêts d'arbres largement espacés dont le seul rendement est une abon-

dance de fruits gros comme des noisettes, mais de vente
facile. Cette culture est d'autant plus rémunératrice que
le châtaignier croît très vite et donne des fruits à l'âge
de trois ans. Le bois est alors considéré comme sans
valeur. Les seules exploitations consistent à enlever les
arbres qui dépérissent vers l'âge de cent ans pour en
faire du bois de chauffage.

Dans Kioushiou, au contraire, le Kouri habite une
zone plus élevée; sa croissance est plus lente, mais il
atteint un âge plus avancé et les produits ligneux sont
assez estimés comme charpente pour qu'il soit, de même
que l'Ichii, réservé dans les coupes par une clause du
cahier des charges.

Le Iousou (*Distylium racemosum*) n'existe guère en
grandes forêts, mais est fréquemment mélangé aux
autres essences de la deuxième région, dans le sud du
Japon. On apprécie beaucoup la résistance, la durée, la
finesse de son bois ; il est employé par les tourneurs,
par les charpentiers, pour les pièces qui doivent résister
au frottement ou à un effort constant ; par les menui-
siers pour la décoration des maisons riches. Dans ce cas
on l'équarrit très légèrement pour que la blancheur de
son aubier contraste avec le rouge foncé du vieux
bois.

Si la croissance de l'Iousou était plus rapide, on en
eût sans doute développé la culture par des plantations
en raison de sa valeur ; le prix élevé qu'il atteint dans

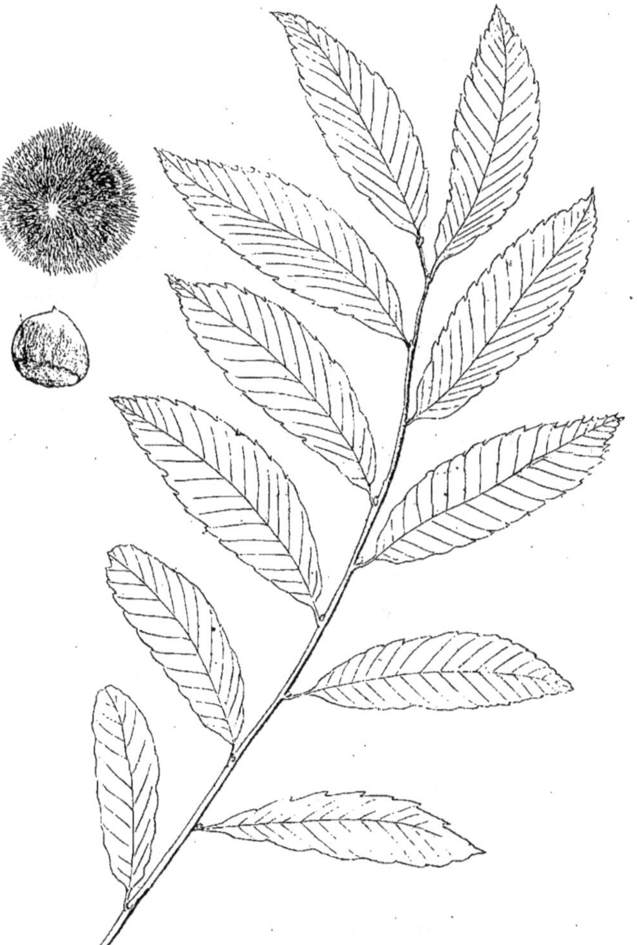

Fig. 49 et 50. — Kouri. *Castanea japonica*.

le commerce engagera sans doute plus tard à l'introduire dans les forêts.

Le Kousou (*Laurus camphora*) occupe une surface très restreinte au Japon, dans les rares provinces baignées par le chaud courant équatorial et à l'exposition du sud. Il ne dépasse pas l'altitude de 400 mètres et sa qualité est d'autant meilleure que sa station est plus méridionale ; aussi les quelques pieds isolés au nord de Shikokou ne constituent-ils pas de culture rémunératrice.

Le plus souvent il forme des peuplements complets dans les sols argileux divisés, qu'il préfère aux autres. Quelquefois, on le rencontre spontané en forêt, associé aux Hinoki, aux Kéaki, aux Kachi, Segni, Iousou, Kouromatsou, etc.

Si la forêt est domaniale, il est stipulé dans le cahier des charges des adjudicataires que le camphrier sera réservé à l'Etat qui en fait lui-même l'exploitation.

Dans les plantations, le camphrier exploité vers 120 ans atteint rarement plus de deux mètres de tour ; il en est autrement des arbres disséminés dans des peuplements mélangés où on ne l'exploite qu'accidentellement ; son diamètre peut être alors de plusieurs mètres ; dans le premier cas, les arbres ne sont pas très élevés, leurs troncs et leurs branches tordus en tous sens comme ceux des mûriers de Provence ; dans le second, ils ont des fûts droits, élevés, à l'écorce d'un beau blanc ; on en peut retirer de fort belles pièces de charpente.

Le bois imprégné de résine résiste bien à l'humidité et se conserve dans les constructions pendant plusieurs siècles; il est d'une jolie couleur, d'un reflet doré qui le font aussi employer dans l'ébénisterie. Il en est de même de plusieurs autres lauracées, d'espèces voisines, telles que le Cinnamomum camphora (*Kousounoki*) employé pour la fabrication du camphre dans d'autres pays, le Cinnamomum Laurierii (*Nikkei*), le Cinnamomum pedonculatum (*Yabounikkei*), etc.

Les feuilles n'ont qu'une très légère odeur de camphre, mais les fleurs exhalent au printemps un parfum pénétrant différent de celui de cette essence.

C'est pour la production du camphre que le Kousou est cultivé au Japon; les forêts de cette espèce sont assez importantes pour que l'exportation de ce produit atteigne environ un million de francs par an. Les particuliers avaient, au siècle dernier, exploité cette essence dans de telles proportions, que l'on en vint à craindre de la voir disparaître et les princes du pays durent s'en attribuer la propriété absolue jusqu'à la fin de la révolution.

Des exploitations abusives étaient d'autant plus dangereuses, que les racines de l'arbre sont plus riches en camphre que le tronc, qu'elles étaient arrachées et les rejets des souches ne pouvaient perpétuer l'espèce.

Aujourd'hui les propriétaires plus avisés s'empressent de planter un jeune Kousou pour chaque pied abattu :

ils en font même des plantations à l'état pur et l'Etat développe lui-même ses cultures de plus en plus.

Pour établir un peuplement de camphriers, on choisit un terrain à une altitude moyenne de 20 à 100 mètres, au voisinage de la mer, dans un sol meuble, enrichi par des engrais, et l'on plante 18,000 pieds à l'hectare. Pendant les premières années, on arrache les arbustes, les mauvaises herbes, les bambous, les lianes qui pourraient gêner leur croissance et l'on pratique plusieurs éclaircies qui réduisent à 4 ou 5,000 le nombre des sujets. A vingt ans l'arbre commence à donner des produits, la coupe s'éclaircit de plus en plus, et le rendement augmente pour atteindre son maximum de cent à cent vingt ans, âge d'exploitation définitive. Dans de bonnes conditions, une forêt peut alors donner jusqu'à 16,000 francs de camphre par hectare.

On exploite en premier lieu les arbres rez-terre, puis on essaye le bois qui ne contient habituellement du camphre que sur une hauteur de 2 mètres au-dessus du sol; si l'on trouve des pieds dans lesquels l'essence se rencontre à une plus grande hauteur, leurs souches sont réservées pour la reproduction d'arbres de même valeur; toutes les autres sont ensuite arrachées et traitées comme le tronc lui-même.

Parfois on entaille le pied de l'arbre et les racines qui sortent de terre, pendant les quelques années qui précèdent l'exploitation définitive, on obtient ainsi des copeaux très riches en camphre; mais ce n'est là qu'une faible

partie du produit des peuplements et la distillation porte
surtout sur les copeaux obtenus en détaillant au moyen
d'une griffe, le tronc des arbres abattus.

Les appareils employés pour retirer l'essence sont
des plus simples, au moins dans les régions que j'ai
parcourues; on en a, m'a-t-on dit, installé de plus per-

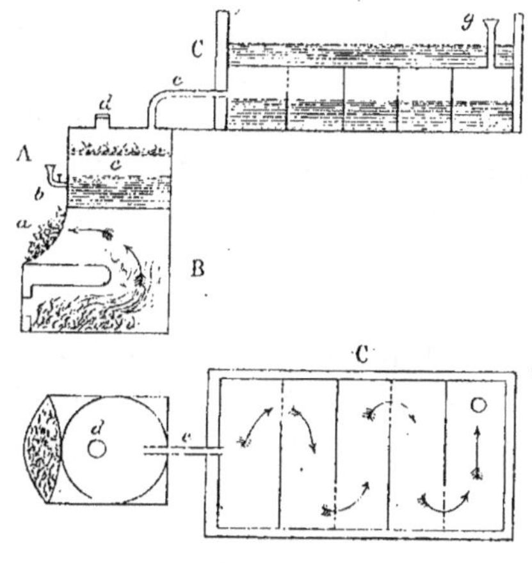

Fig. 51 et 52.

fectionnés tout récemment dans l'extrême sud de Kious-
shiou, mais celui que je vais décrire est le plus communément employé par les particuliers aussi bien que par
l'Etat.

Une cornue cylindrique, de terre à la partie supérieure
et de fonte à la partie inférieure, est établie au-dessus
d'un large foyer B alimenté par les résidus de la distil-

11

lation que sèchent en *a* les gaz chauds provenant de la combustion. Le fond de la cornue est rempli d'eau jusqu'à la hauteur d'un robinet *b* qui sert de témoin. Un peu plus haut se trouve une grille *c* sur laquelle on dispose les copeaux contenant l'essence, introduits par l'ouverture *d*. La vapeur d'eau chargée de camphre se rend par le tuyau en bambou *e* dans le condensateur C, qui a la forme d'une caisse rectangulaire. Là elle circule dans cinq compartiments successifs, passant par les ouvertures pratiquées dans des cloisons fixées au couvercle mobile, dont la partie supérieure, formant cuvette, reçoit un courant d'eau continu. Le camphre se dépose, soit en masse granuleuse blanche, à la partie supérieure des compartiments, soit en huile de couleur brune à la surface de l'eau, pendant que les vapeurs s'échappent par un conduit en bambou imparfaitement fermé par un bouchon de paille. On retire les produits de la distillation tous les huit ou dix jours en enlevant la cuvette supérieure.

Un seul ouvrier peut diriger l'opération, préparer les copeaux, garnir l'appareil, le même bois restant pendant deux jours au contact de la vapeur. Suivant qu'il est plus ou moins habile, le rendement varie beaucoup : on est, paraît-il, parvenu à le rendre plus régulier au moyen d'appareils perfectionnés employés dans la province de Satsuma; mais il est encore soumis à des variations provenant de l'âge du bois, de l'altitude à laquelle il a crû et d'autres motifs inconnus.

L'huile retirée des cuvettes est de nouveau soumise à

la distillation, donnant une certaine quantité de camphre blanc ; le nouveau résidu, séparé de l'eau, est expédié en Amérique où il est utilisé pour la pharmacie et la parfumerie.

Le camphre est alors mis à sécher dans des tonneaux renversés dont le couvercle, peu hermétique, laisse écouler pendant trois semaines les huiles ou l'eau qu'il peut contenir. Il ne reste plus qu'à le confier à des femmes qui en sépareront à la main les impuretés, les morceaux de bois qu'il contient, pour qu'il soit prêt à être livré au commerce.

Par ce procédé, 1,000 kilogrammes de bois donnent en moyenne par la première opération, 87 kilogrammes de camphre et les résidus distillés à nouveau en produisent encore 15 kilogrammes.

Rendus à Kobè, les 100 kilogrammes se vendent en moyenne 132 fr. 80. Les frais de fabrication s'élèvent à 79 fr. 70.

Le bénéfice par 1,000 kilogrammes de bois distillé est donc au moins de 54 fr. 16 car je n'ai pas tenu compte de la valeur très variable du résidu définitif, encore accepté par le commerce.

Les forêts renferment encore beaucoup d'autres essences spontanées moins fréquentes, utilisées par la menuiserie, l'ébénisterie, la gravure sur bois.

Je citerai parmi les plus importantes le Sarroussouberi (*Lagerstrœmia indica*) des magnoliers appelés Tsoubaki, Sasanqua, le Hô (*Magnolia hypoleuca*), dix-sept espèces d'érables, le Sakoura (*Prunus pseudocerasus*), le Kaki (*Dyospyros kaki*) dont le fruit comestible est apprécié, et d'autres rares ébénacées de grande valeur : le Te-ouchi-Kouroumi (*Juglans regia*), l'Oui-Kouroumi (*Juglans Sieboldiana*) des frênes, Aodako, Shiodji Tonerico, des aunes, des houx, des buis très nombreux, etc.

D'autres arbres ne donnent que des bois de valeur négligeable dans les massifs mélangés et fournissent par la culture en plantations des produits accessoires, des fruits, des écorces, des feuilles recherchées dans le commerce. C'est dans ce but qu'ils sont élevés sur de grandes surfaces par les particuliers et l'État ; c'est à ce titre qu'ils ont droit à une description sommaire.

Ourouchi. — C'est de l'Ourouchi (*Rhus vernicifera*) que l'on retire le vernis au moyen duquel sont fabriquées les célèbres laques japonaises. De ses fruits on extrait aussi une cire végétale pour la confection des bougies. Suivant que l'on veut obtenir l'un ou l'autre des deux produits, on établit la plantation d'une façon différente.

Dans le premier cas, les graines récoltées en automne sont décortiquées et enterrées dans la terre humide. Au printemps suivant, on les sème dans un terrain préalablement fumé, on les arrose chaque jour et les jeunes plants sont repiqués dès la même année en automne. A l'âge de trois ans, ils peuvent quitter la pépinière et être mis à leur place définitive au nombre de 6,000 par hectare. Ce n'est qu'à l'âge de sept ans que le gemmage

peut commencer à être appliqué. Si l'on veut un rendement plus rapide, on sépare des vieux arbres des

Fig. 53 et 54. — Ourouchi. *Rhus vercinifera.*

racines longues de 15 centimètres environ et on les
plante dans des terrains préparés à l'avance, mais ne
contenant jamais d'engrais humains. L'Ourouchi pousse

alors très rapidement comme le feraient des rejets de souche et quatre ans plus tard, on peut commencer la récolte.

Au mois de mars, on pratique dans l'écorce des incisions horizontales profondes de 2 millimètres, larges de

Fig. 55. — Ourouchi. *Rhus vercinifera*.

3 millimètres sur la moitié de sa circonférence : cette opération se répète sur une vingtaine d'arbres voisins, puis l'ouvrier, revenant sur ses pas, recueille au moyen d'un pinceau le vernis qui s'écoule, et pratique une seconde incision au-dessous de la première, continuant le même travail jusqu'à ce que l'arbre ait été gemmé sur 30 centimètres de hauteur; le produit moyen d'un

pied est, dans ce cas, de 350 grammes, valant 0 fr. 35.
Si l'on veut conserver l'arbre, on l'abandonne jusqu'à
l'année suivante, pour le traiter de la même façon pendant dix, quinze ou vingt ans ; le plus souvent, on gemme
à mort, c'est-à-dire qu'au bout de quatre jours on
revient prendre de la résine sur le même pied et ainsi
de suite périodiquement jusqu'à ce que l'arbre soit
lacéré de haut en bas. En hiver, il est abattu et quatre
ans plus tard les rejets sont susceptibles d'être exploités.

Un autre procédé de gemmage à mort qui donne beaucoup de vernis, mais d'une qualité inférieure (car le
meilleur est celui que l'on enlève de l'arbre dès qu'il
s'en échappe) consiste à faire de profondes entailles au
pied de l'arbre ; la liqueur qui s'écoule est reçue dans
des vases en bois où chaque soir elle est récoltée.

Le vernis obtenu peut être blanc, jaune ou noir ; le
premier est d'un prix plus élevé que les autres.

Lorsque l'arbre est élevé pour la production de la
cire, on le plante à de plus grands intervalles, à raison
de 3,000 par hectare dans des terrains de même qualité ;
la croissance des arbres femelles est assez lente, mais
les produits donnent de beaux revenus ; aussi, depuis
longtemps, cette culture est-elle en honneur au Japon :
dans certaines provinces du sud, chaque famille devait
en cultiver autrefois cinq pieds par année.

On obtient la cire avec laquelle se font les bougies, en
comprimant les graines dans des récipients en bois dur,
et les bougies elles-mêmes sont confectionnées par

l'immersion, plusieurs fois répétée, d'une mèche en
papier dans la cire fondue.

Une autre essence cultivée dans le sud, sur les talus
des routes, le long des champs, produit également de
la cire : c'est le Hadji (*Rhus succedanea*) dont la culture,
a ce point de vue spécial, ne diffère pas de celle de l'ourouchi.

Le Kouwa (*Morus alba*) n'est autre que le mûrier que
nous cultivons en Europe pour l'élève des vers à soie.
C'est aussi dans le même but qu'il fut introduit au Japon
quatre siècles avant l'ère chrétienne, où il donna naissance à une industrie dont les produits arrivent jusque
sur nos marchés d'Europe; l'exportation annuelle de la
soie étant en moyenne de 500,000 kilogrammes (de 1862
à 1874).

Le mûrier est cultivé dans toute la deuxième région et
la moitié inférieure de la troisième, tantôt en bordures
le long des champs, tantôt en grandes plantations.

Dans le premier cas, on ne laisse pas grandir l'arbre ;
il est étêté dès qu'il atteint 60 centimètres ou 1 mètre.
Chaque année, les branches sont coupées et transportées
avec leurs feuilles dans les magnaneries.

Quelquefois on coupe les branches d'un an au commencement du printemps, pour employer leur écorce à
la fabrication du papier, et un peu plus tard on récolte
les feuilles seules sur les jeunes pousses, pour la nourriture des vers à soie.

Lorsque le mûrier est en grands peuplements, parfois on laisse croître l'arbre jusqu'à 2 mètres de hauteur et chaque année on le dépouille de toutes ses branches, ou bien, au contraire, on le traite en taillis à la révolution d'un an. Lorsque l'on réserve une partie des rejets pour la fabrication du papier, pour éviter à ceux-ci d'être enterrés sous la neige, pourris par l'humidité dès que l'hiver approche, on les redresse et les attache par des liens de paille et le champ de mûriers prend alors l'aspect d'une vigne après la pose des échalas.

La plantation se fait au moyen de boutures ou de marcottes enterrées à des distances variant de 0^m,50 à 1 mètre. Au printemps et à l'automne on laboure entre les lignes, semant de la paille avant l'hiver et l'enterrant alors qu'elle commence à se décomposer, au printemps suivant, en même temps qu'on l'arrose d'engrais liquide.

Le bois du mûrier obtenu par ces procédés n'a aucune valeur et il est rare d'en voir employer dans les constructions.

Le ver du mûrier (*Bombyx Mori*) n'est pas le seul qui produise de la soie au Japon; on en compte encore six autres espèces, parmi lesquelles l'Antheræa Yamamaï qui peut vivre à l'état sauvage sur plusieurs essences forestières, en particulier sur les chênes. La soie qu'il donne est grossière, prend moins bien la teinture que celle du Bombyx Mori et on l'utilise en l'introduisant dans les tissus, pour former des dessins par la différence des tons de la même couleur.

12

Les Orangers n'ont aucune importance au point de vue des bois qu'ils fournissent, les plus abondants étant élevés en forme de buissons ; mais par leurs produits, par leur variété, ils présentent quelque intérêt.

Les provinces dans lesquelles la culture est la plus répandue sont celles de Tosa dans Shikokou et Kii dans Hondo.

Dans cette dernière se trouvent les plus beaux champs d'orangers du Japon ; le voisinage d'Arita est surtout célèbre à cet égard. Parmi les quarante espèces ou variétés qu'ils produisent, je citerai le Mikan (*Citrus nobilis*) ou mandarine, le fruit le plus savoureux du pays, le Daidaï (*Citrus bigaradia*), orange de Séville, le Kunembo (*Citrus fusca*), le Kinkan (*Citrus japonica*) à fruits ronds ou à fruits ovoïdes, de la dimension d'une noisette, le Zanatoro ou Zaban (*Citrus decumana*), sorte de cédrat gros comme une tête d'enfant, le Bousioukan (*main de Bouddha, Citrus medica*) ayant la forme d'une main.

Tous ces arbres proviennent de greffes faites sur le Karatachi (*Citrus trifoliata*) oranger à fruits amers et le citronnier appelé Youdzou (*Citrus aurantium*).

Les Take (*bambous*) sont représentés par sept espèces et de nombreuses variétés disséminées depuis le niveau de la mer jusqu'à 900 mètres d'altitude ; quelques-uns atteignent 20 mètres de hauteur et 50 cent. de tour (*Bambusa senanensis?*) d'autres ne dépassent pas 40 centimètres de hauteur (*Bambusa nana*) constituant dans les forêts un épais tapis qui s'oppose à la reproduction des essences ; d'autres enfin occupent tous les étages intermédiaires entre ces deux dimensions (Hoochikou, Orashimashikou, Chigotake, etc.).

La plus grande espèce est cultivée surtout dans le centre et le sud de Hondo, dans Shikokou et Kioushiou où elle acquiert ses plus fortes dimensions ; on la rencontre, paraît-il, aussi dans le nord où elle s'élèverait jusqu'à la hauteur de Niigata. Elle constitue de véritables forêts dont quelques-unes appartiennent à l'Etat et donnent des revenus considérables, non seulement par les bois qu'on en extrait, mais par les jeunes pousses comestibles qui constituent un aliment recherché.

Pour faire une plantation de bambous, on met en terre des jeunes sujets d'un an, à 2 mètres de distance en tous sens ; dès l'année suivante, des pousses sortent de terre, mais il faut attendre trois ou quatre ans pour que les nouveaux pieds soient exploitables. En effet, bien que le bambou, dès la première année, atteigne toute sa hauteur et son diamètre définitif, la grosseur du bourgeon qui sort de terre indiquant la grosseur de la tige qu'il produira ainsi que la hauteur qui lui est proportionnelle, il n'est utilisable que lorsque ses parois cylindriques ont pris en vieillissant une certaine épaisseur. Quand une forêt est en production depuis longtemps, on ne peut distinguer l'âge des différents pieds qu'à la sonorité plus ou moins grande de leurs entre-nœuds et à la

couléur de l'écorce, qui passe du vert au gris en vieillissant. Pour la régularité des exploitations, on est obligé
de recourir à des procédés plus exacts et l'on inscrit
sur chaque tige l'année de sa croissance.

On exploite à des âges bien divers, suivant les localités; la forêt domaniale de Sofoukoudji est aménagée
pour une révolution de trois ans.

Les coupes varient beaucoup en valeur et comme
nombre de pieds, car en certaines années les rhizomes
qui courent à fleur de terre sont très productifs; en
d'autres années, ils ne donnent que des pousses assez
rares. Ces bourgeons sont en partie récoltés pour être
de suite vendus comme comestibles, alors que le reste
est laissé sur place pour former un peuplement aussi
régulièrement espacé que possible de bambous distants
de 80 centimètres à 1 mètre. Ceux-ci constitueront la
coupe qui aura lieu trois ans plus tard. Si la production
est faible, le rendement par suite est amoindri pour
deux années. En 1887, on a vendu dans la forêt de
Sofoukoudji, sur une contenance de 0 h. 7044, 1,000 bambous valant 200 francs représentant une production à
l'hectare de 282 francs. En outre, on a récolté 500 bourgeons (*Takinoko*) vendus 90 francs; le revenu de l'hectare pour cette année aurait donc été de 409 francs, non
compris la valeur des larges feuilles qui entourent les
entre-nœuds des bambous et que l'on utilise pour enve-
lopper les fruits, pour le tissage d'objets grossiers, etc.

Ce dernier produit est non seulement employé au

Japon, mais exporté en quantité notable vers l'Amérique.

L'année 1887 correspondait à une très faible production, car le peuplement dans son entier comprenait 10,000 pieds; ils doivent être abattus en trois ans, ce qui porte à plus du triple de la récolte de 1887, la valeur des exploitations qui vont suivre celle-ci.

Le revenu net de la plantation est très inférieur au chiffre que j'indique, car si l'exploitation est facile, l'entretien est assez coûteux car on est obligé chaque année de charger le sol d'engrais. Ce n'est qu'à cette condition et dans les meilleurs sols, humides, profonds au moins de 60 centimètres, que la culture de ce bambou est possible, au moins pendant de longues années. La forêt de Sofoukoudji établie depuis plusieurs siècles ne présente à ce jour aucun signe de dépérissement.

Le bambou est fréquemment introduit en montagne, non pour les produits de peu d'importance qu'il pourrait y donner, mais pour la consolidation des terrains, au moyen du réseau souterrain que forment ses rhizomes.

L'énumération des divers emplois du bambou dans l'extrême Orient nécessiterait un volume. Sa rapide croissance, sa légèreté, sa résistance en font un des bois les plus précieux du Japon : on l'utilise dans son entier pour construire des échafaudages, pour l'ornementation intérieure des maisons, pour le transport des fardeaux. On en fait des bois de lances, des meubles, des chaises à porteur, des tonnelets, des récipients de diverses formes, des clôtures de jardins, des tuteurs pour les arbres, des cannes, des manches de parapluie, des conduites d'eau, des tuyaux de pipe, etc.

Le petit bambou, chigotake, était autrefois spécialement employé pour faire des flèches, actuellement on en construit les treillis qui doivent supporter le pisé, dans les murs des plus pauvres maisons de Kioushiou et de Shikokou. Il se laisse fendre parallèlement à l'axe, pour fabriquer des conduites d'eau, des gouttières, des baguettes dont on se sert pour manger, des chevilles qui remplacent presque partout nos clous en fer, des cadres, des parapluies en papier, des éventails, etc. On obtient en poussant plus loin la division, de fines baguettes qui remplacent l'osier dans les travaux de vannerie. Le bambou se laisse facilement travailler et l'une des industries de Nagasaki consiste à en sculpter l'extérieur pour en faire des vases que l'on orne ensuite richement de nacre et d'écaille.

Les bambous nains, qui abondent en sous bois donnent du fourrage aux éleveurs de bestiaux, mais sont dangereux pour les jeunes plantations qu'ils étouffent. On est obligé chaque année de les arracher en même temps que les lianes.

Le Shioro (*Chamerops excelsa*) est un palmier qui atteint l'altitude de 4 ou 500 mètres dans les îles du Sud. On le rencontre fréquemment en sous bois dans les forêts, à l'état spontané, on l'y introduit même sous le couvert des Segni, mais plus fréquemment on le voit en plantations aux expositions sud près des villages. Il ne dépasse pas 3 ou 4 mètres de hauteur: le bois n'est guère utilisé, bien qu'on prétende qu'il résiste assez longtemps à l'humidité ; le produit le plus sérieux que l'on en retire provient des masses filamenteuses qui entourent la base des feuilles ; on peut en faire pour l'attache des bateaux, des cordes assez résistantes qui ont sur les autres l'avantage d'être imputrescibles.

Le papier est d'un emploi beaucoup plus général dans l'extrême Orient que chez nous : très résistant, on peut en faire des cordes assez solides ; rendu imperméable avec de l'huile, il tient lieu de toile pour la fabrication des bâches et des parapluies. L'unique moyen de transport au Japon est la djinriksha, une minuscule voiture à laquelle s'attèle un homme et munie d'une capote mobile. Cet abri, aussi bien que le manteau du coureur, en cas de mauvais temps, sont en papier presque aussi résistant que le cuir : plus solide encore est celui que l'on emploie pour la fabrication des blagues à tabac, des étuis de pipe, des couvertures de livres, de certains éventails. Enfin, il se substitue au verre dans la plupart de ses emplois ; les maisons, n'ayant ni portes ni fenêtres, ne sont clôturées que par des châssis de bois mobiles sur lesquels sont tendus des papiers blancs au travers desquels le jour peut pénétrer.

Les lanternes, sans lesquelles on ne peut se représenter le Japon, employées pour l'éclairage des rues, des temples ou pour l'intérieur des maisons, rondes ou carrées, minuscules ou hautes de six pieds, sont encore en papier assez résistant pour ne rien craindre des intempéries.

Il entre dans sa préparation des matières bien diverses suivant l'usage auquel on le destine, écorce de Kouwa (*Morus alba*) de Kozo (*Broussonetia papyrifera*) de Midsoumata (*Edgeworthia papyrifera*), de Gampi (*Lychnis grandiflora*) cultivés tout spécialement dans ce but, et des herbes ou de la paille.

Les produits de première qualité sont ceux que donne le Gampi, mélangé avec d'autres herbes en proportions varia-

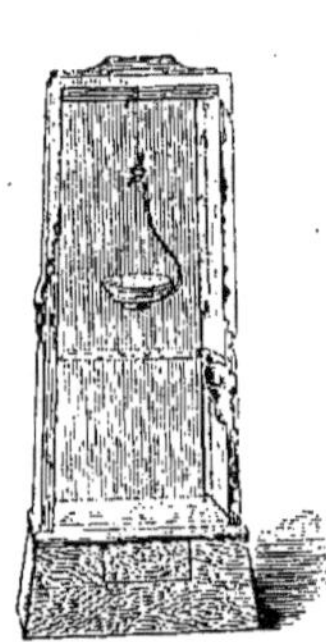

Fig. 56.
Lanterne en Papier.

Fig. 57.
Lanterne en Papier.

bles. Ceux de qualité inférieure renferment du Kozo et de la paille, mélangés ou non avec du Midsoumata. Le Gampi, s'il donne des papiers souples, transparents et solides, est rare et assez coûteux ; son emploi est donc relativement restreint. Le Koso, cultivé en grandes quantités, en bordure le long des champs, ou en plantations, est d'un emploi général ; le produit est médiocre, c'est le papier dont on fait des vitrages, des mouchoirs de poche; il est l'objet d'une industrie qui occupe des régions entières.

Le papier de Midsoumata tient le milieu entre les deux précédents par son prix et sa qualité ; on en consomme également beaucoup et l'on en expédie jusqu'en Europe.

Les procédés de fabrication sont très simples ; après la récolte des branches, faite en automne, on les met tremper dans l'eau pendant quelques semaines, pour détacher plus facilement ensuite du bois la partie extérieure de l'écorce et l'écorce elle-même. Si le papier à obtenir doit être gris, on emploie cette écorce telle qu'elle se sépare de la branche ; s'il doit être blanc, elle est soigneusement raclée avant d'être mise en usage. On la pile, après l'avoir laissée longtemps macérer dans l'eau bouillante et on la jette dans la cuve, où trempe un sac plein de racines gélatineuses du Tororo (*Hibiscus Manihot*). Il suffit ensuite à l'ouvrier d'agiter ce bain, d'y tremper un tamis très fin, tendu sur un cadre en bambou, pour en retirer une feuille de papier qu'il laissera sécher ensuite au grand air. Ce procédé est assez répandu, car je l'ai vu employer dans les trois îles du Japon, aussi bien par les fabricants que par les prisonniers travaillant pour le compte de l'État.

MENUS PRODUITS

Dans les grandes forêts à peu près vierges qui couvrent les montagnes de l'intérieur, les bois restent inexploités

13

en raison de l'absence de routes et des difficultés du transport : à plus forte raison ne cherche-t-on pas à y recueillir
des produits de moindre importance.

Mais dans les forêts particulières, dans le voisinage
des vallées un peu peuplées, on tire parti de toutes les
productions. du sol et parfois même on détruit les peuplements pour accroître l'abondance de certaines herbes.

Fougères. — Les fougères du Japon sont extrêmement
abondantes et variées : on en a classé 27 genres
et 173 espèces, parmi lesquelles les Ptéris, les Aspidium,
les Asplenium occupent la plus large place. Certaines
sont vénéneuses, d'autres, telles que les Warabi (*Pteris
aquilina*) sont comestibles à l'état de jeunes pousses et
l'on en fait une très grande consommation : leurs racines
écrasées, puis lavées, laissent déposer un amidon qui
sert également de nourriture.

Pour activer la production de ces fougères, on a
l'habitude d'incendier chaque année les herbes dans les
forêts; inutile de dire quel tort cette déplorable habitude
cause aux massifs. Dans les provinces du sud, les montagnes entières, que l'on voit complètement dénudées,
ne rendent plus que ce maigre produit (8 fr. à l'hectare);
elles doivent leur pauvreté à cet usage tellement répandu,
qu'il est possible de le mettre au premier rang parmi
les causes de ruine des forêts particulières.

Parfois, pour sauvegarder la reproduction des peuplements feuillus, on exploite les arbres à 50 centimètres

ou 1 mètre du sol (forêt de Takita), mais si cette précaution peut préserver certains rejets contre le feu, elle n'évite pas aux souches des dommages qui diminuent chaque année leur vigueur.

Herbes et Feuilles. — Dans le voisinage des champs, les feuilles sont ramassées, les herbes enlevées chaque année pour être employées comme engrais ; vers la fin de l'hiver, on met le feu aux herbes qui ont repoussé et qui doivent, grâce à cette précaution, croître quelques mois après en plus grande abondance. Les bambous nains, qui forment une épaisse couverture du sol dans les forêts un peu claires, sont également recueillis pour être employés en fourrage ou en litière. On trouve en sous bois, dans le nord et le sud de Hondo, une grande abondance de Koudzou (*Pueraria Thumbergiana*) ; les racines de cette légumineuse, traitées comme celles du Warabi, donnent une fécule fort estimée, qui augmente quelque peu les revenus des forêts.

Le Champignon est, pour les pauvres comme pour les riches, un des mets les plus communs ; il n'est guère de repas dans lequel il ne soit présenté, frais ou desséché ; sa récolte est, par ce fait, très rémunératrice ; dans la seule préfecture d'Ozaka, sur une surface de 7,800 hectares, les champignons entrent pour 4,400 fr., dans un revenu total de 16,000 francs ; mais il faut remarquer que les exploitations de futaies sont partout suspendues et que le Kounougni fournit uniquement dans cette région du bois de chauffage.

Certaines forêts de la conservation de Kumamoto (Kioushiou) sont aménagées pour être exploitées à blanc-étoc ; mais une essence est pourtant réservée, le

Fig. 58 et 59. — Choro.

Soïa? en raison de l'abondance des champignons qui croissent dans son voisinage.

La production est tellement considérable que c'est par centaines de mille francs que l'on compte la valeur de ceux qui sont consommés dans les villes et qu'elle donne lieu à un grand commerce d'exportation en Chine.

Sous le nom de Boukourious, on recherche au Japon des tubercules de nature indéterminée jusqu'ici, se formant contre les racines des Akamatsou, plus rarement contre celles des Kouromatsou. On peut signaler comme un fait assez curieux qu'ils ne prennent naissance que

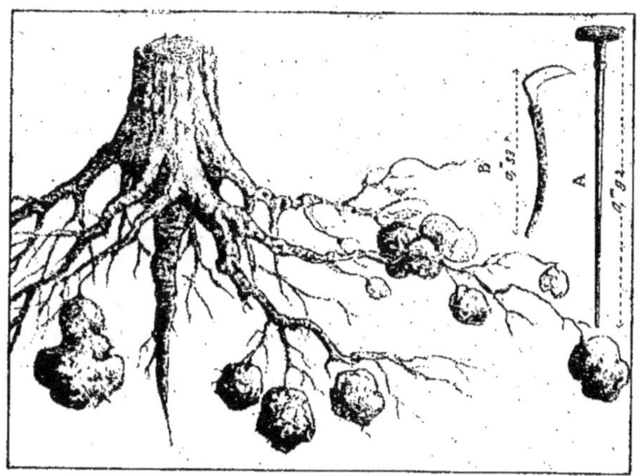

Fig. 60 à 62. — Boukouriou.

lorsque les arbres viennent d'être abattus, qu'ils continuent à se développer pendant une dizaine d'années, pour acquérir alors un poids de trois ou quatre kilogrammes et disparaître ensuite en se pourrissant,

Ces tubercules sont très appréciés en Chine par les médecins indigènes et le Japon en exporte chaque année environ 260,000 livres d'une valeur de 35,000 francs.

La récolte en est très facile ; les montagnards reconnaissent à la souche, lorsqu'elle est d'un brun rougeâtre, si les racines portent des boukourious. Ils enfoncent alors en terre un pieu de fer A qui revient taché de blanc, lorsqu'il a rencontré le tubercule que l'on extrait ensuite à la pioche B.

Le Choro (*rosée de pin*) est un terme assez vague sous lequel on désigne quelques espèces de truffes, fréquentes au bord de la mer, dans le voisinage des Kouromatsou, plus rares dans l'intérieur des terres au milieu des Akamatsou et dans les sols sablonneux.

Leur croissance est rapide ; l'on ne croit pas qu'elles se conservent en terre plus d'une semaine. La forme en est ronde ou ovale ; la dimension ne dépasse guère celle d'un œuf de pigeon.

Deux espèces, ou plutôt deux variétés d'une même espèce parvenues en France, ont été étudiées par un savant micrographe, M. le Dr de Ferry de la Bellone et reconnues par lui comme étant des Rhizopogon.

On estime beaucoup le Chorô en raison de son parfum, aussi est-il assez fréquent dans le commerce où on le trouve soit confit dans le sel et les piments, soit formant des chapelets de tubercules découpés et séchés au soleil.

Des bois assez rares, des écorces, des fruits sont également recueillis et employés pour la pharmacie ou la teinture; ils entrent pour une part dans le rendement des forêts, mais leur valeur est si faible qu'ils ne méritent pas une description spéciale.

Fig. 64. — Kouromatsou, *Pinus Thumbergii*.

CHAPITRE IV

LES FORÊTS

Rois grands massifs forestiers, appelés Kiso, Akita et Awomori, sont renfermés dans les 6,367,899 d'hectares de forêts domaniales disséminées dans tout le Japon.

Le Kiso. — La région du Kiso est plus grande que les deux autres réunies, elle contient la majeure partie des essences de grande valeur, et se trouve près des centres les plus populeux, au cœur même du Japon : à ces divers titres, elle occupe le premier rang parmi les forêts et mérite une mention, comme l'objet le plus intéressant d'une tournée forestière.

Comprise dans la conservation d'Ayematsou, province de Shinano, une des plus importantes de tout le service forestier puisqu'elle renferme 2,758 forêts d'une surface totale de 779,866 hectares, la région du Kiso occupe elle-même 300,000 hectares. Ses plus grandes dimensions sont du nord au sud 80 kilomètres, et 40 kilomètres de l'est à l'ouest. Un dénombrement approximatif fait en 1878 a constaté l'existence de 8,363,860 arbres exploitables, d'une valeur sur pied de 18,649,860 francs Rendus au port de Kouwana en radeaux, ils vaudraient plus de 96 millions et demi. Enfin le nombre total des arbres portés sur les calepins des gardes est de 67 millions.

. Les essences principales des forêts de la région sont le Hinoki, le Sawara, le Nedzouko, le Hiba, le Koya-maki appelés les cinq essences précieuses du Kiso, puis le Kéaki, le Tsouga, le Tohi, le Sirabé, le Segni.

Ce grand massif est divisé nominalement en plusieurs forêts, dont on a établi plusieurs catégories, en raison de la valeur qu'elles pouvaient avoir. Le Hinoki et le Sawara étant les essences les plus recherchées, c'est d'après leur fréquence dans les peuplements que l'on a fait ce classement.

Les forêts de première qualité couvrent 239,311 hectares, soit plus des deux tiers du Kiso. Elles sont riches

en bois précieux et pourtant incomparablement moins
belles qu'au siècle dernier : des exploitations abusives,
qui ont fait depuis cinquante ans tomber six millions
des plus beaux arbres, ont dégradé les peuplements
d'Ayematsou, Ogawaïri, Aterairi, Kakisori autrefois
célèbres. Ceux d'Otaki, de Sedogawayama, de Miouraya-
ma, d'Oukiougawa ont moins souffert parce que l'accès
en était plus difficile ; les plus détériorés sont ceux du
Kiso [1], d'Agatsouma et de Yamada, dans lesquels on ne
trouve plus que 150 arbres à l'hectare appartenant aux
essences de prix : actuellement les chênes, les sapins,
négligés par les exploitants, prennent la place occupée
autrefois par les cyprès.

Mais en somme le sol reste bien boisé et les forestiers
du Japon déplorent, plus qu'il n'y a lieu de le faire, le
changement survenu dans le mélange des essences. On
sait aujourd'hui que les mêmes arbres ne peuvent indé-
finiment croître dans les mêmes localités, la présence
du Hinoki et du Sawara indiquée depuis des siècles dans
le Kiso permet de croire que la substitution des chênes,
après des exploitations abusives, est due à une loi naturelle qui eût produit les mêmes effets dans un avenir
plus ou moins proche. Lorsque des routes auront été
créées, que des aménagements réguliers mettront ces
forêts en coupe réglée, le moment sera sans doute venu

---

1. — La forêt de Kiso ne constitue qu'une faible partie du massif du
même nom.

d'apprécier comme ils le méritent les chênes qui seront disséminés dans le peuplement et l'on conservera alors avec soin des arbres considérés aujourd'hui comme sans valeur.

. . Enfin le mélange des feuillus et des résineux est généralement favorable à la bonne croissance des peuplements. Je pourrai citer au Japon, aux Indes et dans l'Europe centrale, et l'on en verra quelques exemples dans la suite, des forêts dépérissantes par suite de l'enlèvement systématique des feuillus venus spontanément, ainsi que des plantations de résineux à l'état pur qui ne peuvent prospérer, sans qu'aucun autre motif puisse être donné de leur malvenue.

On ne saurait opposer, contrairement à ce que j'avance, la richesse des forêts artificielles de Segni ou de Hinoki.

Les sols les plus nourrissants choisis pour ces cultures, fécondés par de nombreux engrais avant la plantation, offrent aux arbres plus d'éléments appropriés à leurs besoins, et surtout plus souvent renouvelés qu'il ne s'en trouve dans les forêts naturelles.

On oublie trop souvent au Japon que la science du forestier doit s'appliquer à faire dominer une ou plusieurs essences de valeur dans les massifs, mais qu'elle doit aussi protéger les essences secondaires dont la présence assure la vigueur des peuplements.

Dans les forêts les plus exploitées de la région du Kiso, il reste encore 159 Hinoki ou Sawara à l'hectare, ce qui

représente plus de la moitié des arbres dont on peut
retirer des produits : est-ce donc là une si faible quantité que l'on puisse croire à la ruine de la forêt, alors
surtout que certains feuillus sont considérés à tort
comme sans valeur ?

Les forêts de deuxième qualité n'ont que peu d'importance, n'occupant pas un dixième de la région
(26,411 hectares). On n'y trouve que rarement les Hinoki
et les Sawara ; en grande majorité sont répandus les Onara,
Bouna, Tohi, et le Katsoura (*Cercidyphyllum japonicum*) ;
si elles se trouvent à de grandes hauteurs, on voit dominer le Bouna, le Sirabé, le Tsouga et l'Ourajiro-momi.

L'absence totale des deux principaux cyprès a fait
classer dans la troisième catégorie toutes les autres
forêts. Ce sont, tantôt dans des altitudes moyennes, des
peuplements de Nara, de Kouri, tantôt au sommet des
montagnes, des massifs malvenants en raison du climat,
de Tsouga, de Sirabé, et enfin elle comprend aussi des
cimes trop élevées pour qu'aucune végétation y puisse
exister, et qui constituent les seuls vides de ce grand
périmètre boisé évalué à plus de 10,000 hectares.

On considère les forêts de cette catégorie comme étant
d'un rendement à peu près nul, mais on reconnaît l'action favorable qu'elles exercent en régularisant le régime
des eaux, et en consolidant les terres sur le flanc des
montagnes trop escarpées.

La région du Kiso est restée inexplorée pendant très
longtemps : on ne commença à en tirer des produits

que lorsque les princes furent obligés de fournir aux Taïkôuns tous les bois de construction dont ils avaient besoin ; sans méthode, sans compter même, on exploita alors les plus gros arbres jusqu'au jour où le territoire appartint au prince Bishou-Owari, au commencement du xviii° siècle. Il prescrivit certaines mesures préservatrices qui n'ont pas empêché 150,000 arbres de tomber tous les ans avant la révolution. Depuis que l'Etat est devenu propriétaire du Kiso, les exploitations ont porté annuellement sur 50,000 arbres : d'après les projets d'aménagement que les agents forestiers établissent actuellement, on propose de réduire ce chiffre à 10,000. Si pour le fixer on n'a été guidé que par des considérations culturales et non par des vues économiques, il me semble que le remède est bien énergique : le matériel sur pied est assez considérable, même en raison de la grande surface qu'il occupe, pour fournir des bois en quantité plus notable ; et cet excès de prudence ne servira qu'à condamner à la pourriture sur pied, des arbres arrivés à leur maturité.

La forêt d'Otaki est, dit-on, la plus riche actuellement : j'aurais voulu la parcourir en tous sens, mais dès le premier jour je me rendis compte des impossibilités matérielles qui s'y opposaient. Son altitude est de plus de 1,000 mètres. Aucune route ne la traverse, les pentes de la montagne sont très abruptes et se trouvaient à cette époque couvertes par plusieurs pieds de neige ; ce n'est qu'avec la plus grande peine que je pus en voir une faible partie, très difficilement aussi en revenir en suivant le lit d'un torrent. Aussi longtemps que des sentiers n'auront pas été tracés, il sera presque impossible de l'exploiter avantageusement et les beaux arbres qui s'y trouvent n'en seront sortis qu'avec des frais énormes. Dans la partie inférieure, près des cours d'eau, on a abattu beaucoup d'arbres dont le diamètre variait de 80 centimètres à 1 mètre, pour la plupart des Sawara et des Midsoumé (*Alnus firma ou Alnus viridis*); mais c'est bien au-dessus que sont les plus beaux pieds de Hinoki, de Sawara et de Bouna (*hêtre*).

Quelques-uns de ceux-ci sont assez gros, assure-t-on, pour que douze hommes puissent à peine en embrasser le tronc (?).

C'est là qu'en 1888 on devait prendre les bois nécessaires à la construction du palais impérial à Tokio.

Cette forêt, pas plus que les autres du Kiso, n'est aménagée; on en retire en cas de besoin quelques beaux arbres; on y fait quelques exploitations, mais un des travaux les plus importants de la conservation, consiste à étudier actuellement les procédés rationnels au moyen desquels on pourra les mettre en valeur. Le service forestier est de création trop récente pour avoir pu déjà résoudre ce problème, et les peuplements traversent pour la plupart une période d'attente pendant laquelle on se contente de prévenir les délits par une surveillance active.

Les forêts d'Ogawa, d'Ilori, d'Idoré et de Tsumago

étaient plus facilement accessibles. On ne peut en décrire des peuplements variés comme le seraient ceux des forêts aménagées, mais d'une façon générale, on peut constater qu'elles sont loin d'être en mauvais état.

Le sol est régulièrement couvert sans que l'on y constate des vides importants, les arbres s'y trouvent de toute dimension jusqu'à 1^m,50 de tour, même à proximité des routes, et dépassent ces dimensions à mesure que l'on s'en éloigne. Cent cinquante essences différentes s'y rencontrent ; je ne citerai que les plus fréquentes, ce sont les Hinoki, Sawara, Hiba, Nedzouko, Koya-Maki, Honoki (*Magnolia hypoleuca*), Shirakamba (*Betula alba*), Oudaïkamba (*Betula Tauschii*), Onara, Konara, Kachiva, Bouna, Kouri, Tsouga, Goyonomatsou, Imekomatsou, Momi, Midsoumé, Araragni (*Taxus cuspidata*), Tsoutsouji (*Rhododendrum indicum*), etc.

En sous bois de nombreux daphné, des houx, des buis (*Tsougné, inoutsougné*), des fougères très variées, parmi lesquelles dominent les genres *Osmunda* et *aspidium*, des genévriers (*Biacouchin, nedzoumisachi*), etc.

Dans la forêt d'Ogawa, la haute futaie des Sawara et des Hinoki domine un massif moins élevé, mais plus abondant de feuillus entre 1000 et 1200 mètres ; au-dessus de cette altitude le nombre de ces résineux va sans cesse augmentant, à mesure que les sapins, les hêtres, les bouleaux apparaissent en fûts de belle dimension.

On a exploité un peu partout quelques gros arbres, le tronc a été enlevé dans les deux tiers de sa longueur.

le reste est abandonné dans la forêt, ne pouvant payer
le prix de son transport ; de vieux arbres morts de
vieillesse n'ont laissé sur pied que des chandeliers ; en
somme, on est en présence d'une forêt presque vierge,
qui pourrait dès maintenant être traitée en jardinage et
donner des produits sans être épuisée, car la croissance des arbres est assez rapide pour que le matériel
existant représente, et bien au delà, la production du
sol pendant une longue révolution.

L'aménagement n'en est pas terminé, on est seulement fixé sur la révolution qui lui sera attribuée —
deux cents ans, — elle permettra d'obtenir des arbres de
30 à 40 mètres de hauteur dont les deux tiers utilisables
en bois d'œuvre. Dans les peuplements que j'ai visités,
les diamètres correspondaient bien à cet âge, mais la
hauteur était notablement inférieure : on pouvait trouver 600 arbres environ de cette dimension par hectare.

Aménagements. — La forêt d'Ilori est composée à peu
près exclusivement de Sawara et de Midsoumé, celle
d'Idoré est un peuplement presque pur de Sawara. Toutes
deux furent exploitées au commencement du siècle ; on en
retira tous les arbres ayant plus de 80 centimètres de diamètre. Les massifs n'ont pas été détruits par cette opération ; ils sont encore d'une richesse égale à ceux de la
forêt d'Ogawa, mais on rencontrera surtout dans Ilori de
grandes difficultés pour les mettre en valeur, en raison
de leur accès difficile et de la rapidité des pentes.

Les forêts d'Atera, d'Akisona, de Tsoumago sont aussi classées dans la première catégorie ; elles ne diffèrent pas sensiblement des précédentes ; celle de Tsoukiji est placée au premier rang des forêts de première classe, en raison des gros arbres qu'elles contient ; on en a fait une étude complète et un aménagement vient d'en être proposé par M. le garde général Mori, qui a bien voulu me le communiquer.

Les plus puissants princes de l'Empire étaient, avant 1868, ceux de Nagoya, de Mito et de Kioushiou, parents du Shogun (roi militaire). Le premier possédait toute la région du Kiso, dont fait partie la forêt de Tsoukiji, mais l'usage de celle-ci était réservé au Shogun, qui en retirait les bois de construction de grande dimension. nécessaires pour ses palais ou les temples qu'il édifiait, et le propriétaire lui-même n'avait pas le droit de l'exploiter. On conçoit que dans ces conditions elle dût être d'une richesse sans égale, et comme elle n'a pas été endommagée depuis la révolution, elle constitue un des plus beaux types de forêts de la région.

En 1887 le vent renversa un grand arbre qui fut brisé dans sa chute ; il fut vendu néanmoins sur place 350 fr. à un menuisier qui le débita en planches dans la forêt et en vendit les produits avec un bénéfice au moins double du prix d'achat. Je me suis procuré un échantillon de ce bois ; il est de ceux que les Japonais considèrent comme de première qualité ; les accroissements ont au plus 1 millimètre d'épaisseur ; il est parfaite ment blanc, sans aucun défaut ni aucune tache. L'aubier n'y dépasse pas un centième du diamètre total.

Une pièce de pareille dimension était demandée en 1888 pour le temple d'Isé : on pensait la vendre 1,000 fr. ; elle valait deux ou trois fois ce prix rendue près du temple. Les arbres de cette taille (6^m,90 de tour) sont assez nombreux en Hinoki, et les Segni atteignent jusqu'à 12 mètres de circonférence, la plus grande dimension des végétaux dans le pays. On estime leur âge à mille ans au moins. Le plus grand arbre que j'aie vu au Japon est un cryptoméria âgé dit-on de sept cents ans et voisin du temple d'Ogo ; il avait 30 mètres de hauteur et 12^m,30 de tour à hauteur d'homme.

Dans la forêt de Tsoukiji, le nombre d'arbres sur pied en l'an XI de medji (1879) était de 12,797,705 résineux et de 4,056,418 feuillus sur une surface de 21.494 hectares. En 1887, le comptage fait par M. Mori, ne portant que sur les arbres susceptibles de donner du bois d'œuvre ayant plus de deux décimètres de tour, ni détériorés, ni tordus, ni même utiles pour le maintien des terres sur le flanc des montagnes, a constaté la présence de 3.506.301 résineux, les autres n'ayant pas été évalués.

La forêt se compose de deux cantons voisins ayant sensiblement la forme du croquis ci-joint.

Les essences qui se trouvent dans la forêt ont été indiquées dans la forêt du Kiso. Le Hiba est pourtant ici une rareté. Leur répartition se fait comme il suit : Au

pied de la montagne, le Sawara, le Momi, le Keaki, le
Tohi, puis au-dessus presque uniquement le Hinoki et
le Maki. Plus haut encore sont des essences de valeur
moindre, les arbres sont moins droits, plus noueux,
grave défaut pour le Hinoki. La pression atmosphérique
indique une altitude de 600 mètres qui n'a pas encore

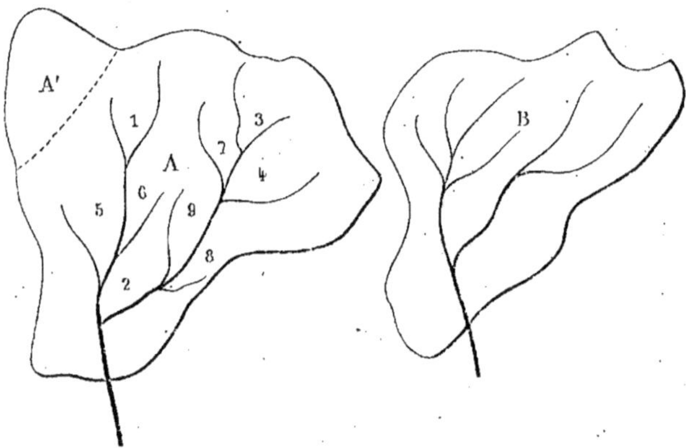

Fig. 66 et 67.

été plus exactement fixée par la trigonométrie ; la température de 80° F. en été descend à 30° en hiver.

Dans le périmètre A, le plus important, on appliquera le
système de coupes par surface à blanc-étoc : dans le
second B, le mode jardinatoire.

La surface A est de 19,012 hectares ; la révolution
doit être de trois cents ans, mais la série tout entière
doit être parcourue en vingt-cinq ans, les coupes seront

placées comme l'indique la figure, cette disposition
ayant pour but d'éviter une confusion entre deux coupes,
lors de la vidange qui doit être opérée non par des chemins, mais par les rivières, comme il sera décrit dans
le chapitre suivant.

Le Sawara est l'essence dominante : deux nettoiements
seront pratiqués, l'un dans vingt ans, l'autre dans
trente ans pour enlever les feuillus qui pourraient entraver la croissance des essences précieuses, ainsi que les
sapins dont on redoute le couvert, et l'on s'appliquera
dans ces opérations à favoriser la croissance du Hinoki.
L'on espère, avec la révolution adoptée, obtenir des
arbres ayant 45 centimètres de diamètre et 30 à
34 mètres de hauteur.

Pour avoir des pièces de plus forte taille, on a séparé
du massif une contenance de 169 hectares, où les arbres
vieilliront jusqu'à ce qu'ils soient dépérissants ou
soient demandés par l'État pour des cas spéciaux où de
fortes dimensions sont nécessaires. Cette partie de la
forêt A est celle qui renferme la plus grande quantité
de Hinoki.

Un autre canton de la forêt ne sera jamais exploité,
appartenant à l'une des trois catégories de bois qui sont
réservés, quel que soit leur propriétaire : 1° lorsque les
peuplements sont indispensables pour le maintien des
terres en montagne ; 2° lorsqu'ils s'opposent à l'action
destructive des torrents ; 3° lorsque l'autorité militaire
les a reconnus utiles à la défense du pays.

En B, le mode de traitement n'est établi que pour une période de cinquante ans. Sur une surface de 2,313 hectares 30 ares, on exploitera tous les gros arbres jusqu'à concurrence de 7,200 mètres cubes par an et surtout les Sawara, trop nombreux maintenant. On s'appliquera à faire prédominer le Hinoki pour établir ensuite le même traitement que dans le premier canton A.

. Pour déterminer le volume à enlever chaque année pendant la révolution, on a évalué l'âge des arbres de la dimension que l'on veut obtenir, on a calculé leur volume, et l'on s'est basé sur les chiffres ainsi obtenus pour qu'après une période égale, le peuplement se soit reconstitué avec une valeur identique.

Je ne trouvai qu'à Koyasan l'exemple d'un autre aménagement de futaie naturelle.

Cette forêt occupe une surface de 3,791 hectares 70, autour d'un temple célèbre dans tout le Japon et dont elle fut la propriété jusqu'en 1858. Elle appartient maintenant à l'État qui a chargé M. Mori d'en régler les exploitations par un aménagement que l'on commence à appliquer.

De 1,000 à 1,400 mètres d'altitude, les peuplements comprennent des Akamatsou, des Hinoki, des Tsouga, et des Koya-Maki. Cette dernière essence devient de plus en plus fréquente, en même temps que les pins diminuent et que l'altitude augmente.

Elle finit par occuper les deux tiers du massif au-dessus de 1,400 mètres, les Hinoki remplaçant tous les pins et les Tsouga.

Depuis l'époque à laquelle Koya-San fut remis au domaine, jusqu'à 1887, aucune exploitation n'a été faite autour du temple : les arbres sont morts sur pied, les chablis sont nombreux ; les fûts n'ont que rarement plus de 60 centimètres de diamètre, et l'aspect général est celui d'une futaie jardinée qui reposerait sur de mauvais sols. Mais la cause réelle de la pauvreté relative du peuplement se trouve dans les trois incendies qui depuis cent vingt ans ont détruit les temples.

Il a fallu pour les édifier à nouveau des Hinoki en quantité considérable qui furent pris aussi près que possible du village. Les cantons plus éloignés sont encore bien fournis de gros arbres atteignant 1 mètre de diamètre, mais le vent y souffle avec violence et beaucoup de tiges ont pris des courbures, des formes irrégulières. Il paraît qu'à la suite de chaque exploitation, le nombre des Koya-Maki a sensiblement augmenté au préjudice des autres essences ; dans les exploitations régulières qui vont avoir lieu on s'appliquera à les faire disparaître, car ce bois a une valeur inférieure à celui du Hinoki et sa croissance est relativement lente, malgré la bonne qualité des terrains.

La révolution aura une durée de cent ans et le traitement adopté est celui du jardinage ; la surface de 3,764 hectares est divisée en vingt coupes à peu près égales, que limitent les arêtes des montagnes ou le fond des vallées. Pour établir les exploitations, on a compté le nombre des arbres ayant 30 centimètres ou plus de dia-

mètre ; il s'en trouverait 1,250,000 et l'on en conclut que
la coupe annuelle devrait atteindre 12,500 pieds au maximum : la limite inférieure est fixée par la valeur des arbres
abattus qui ne doit pas dépasser 40,000 francs.

Je n'ai pas l'intention de discuter le mérite de ces
aménagements, mais il est difficile de ne pas constater

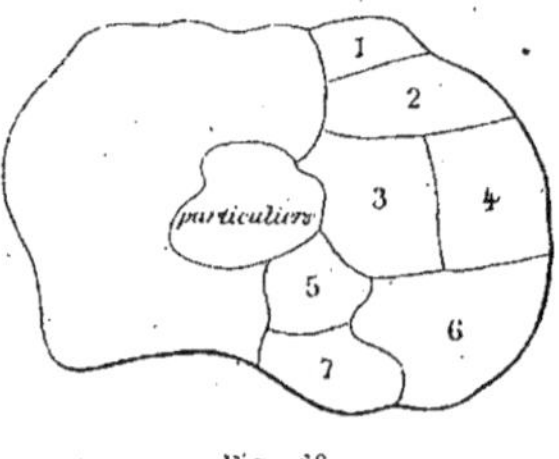

Fig. 68.

combien doit être défectueux
un système basé non sur la
production en volume du sol,
mais sur le nombre d'arbres
d'une dimension arbitraire-
ment choisie. Ce diamètre
de 30 centimètres correspond
à celui qu'atteint le Hinoki
à l'âge de vingt-cinq ans ; on est arrivé, en le considé-
rant comme exploitable, à admettre chaque année l'abatage de 66 arbres par hectare.

Dans des conditions ordinaires, ce chiffre semblerait
exagéré ; il l'est encore bien plus dans une forêt située
à de grandes hauteurs, au sommet d'une montagne battue
par les vents les plus violents.

Enfin, après chaque exploitation, on doit replanter
autant de Hinoki que des arbres d'essences diverses
auront été abattus.

Le Koya-maki, qui a tiré son nom de cette localité, est
destiné à disparaître et la forêt, après quelques révolu-
tions, ne contiendra plus qu'une seule essence.

Dans la conservation de Gifou et le cantonnement de

Soukedji se trouve la petite forêt d'Oyama, couvrant
une surface de 70 hectares. Le comptage des arbres fait
en 1879 indiquait la présence de 3,900 résineux et de
22,531 feuillus. Les Segni de 3 mètres à 3^m,60 de tour
sont assez communs pour que l'on puisse en apercevoir,
en quelque point de la forêt que l'on se trouve : la dernière coupe faite en 1881 en a fait tomber 15, parmi les
plus beaux, qui furent vendus 15,200 francs ; les sapins
ont jusqu'à 4^m,50 de tour ; les Hinoki, Sawara, Kachi,
(chênes verts) et Totzi (marronniers) ne sont pas rares,
mais de dimensions inférieures. En sous bois, il y a de
nombreux buissons à feuilles persistantes : l'Asebo
(*Andromeda japonica*), le Skibi (*Ilicium religosium*),
l'Issakaki ou Bichago (*Eurya japonica*), le Saikachi
(*Gleditschia japonica*), le Tsoubaki (*Camellia japonica*), l'Aokiba (*Aucuba japonica*), etc. etc.

En 1888, on va reprendre les exploitations, abattre
annuellement 50 arbres âgés de plus de deux cents ans,
et par des coupes réitérées, supprimer les feuillus pour
les remplacer par des Segni qué l'on plantera à raison
de 6 à 8,000 par hectare ; le but vers lequel on tend est
encore le même que dans les forêts décrites antérieu-
rement : le massif à l'état pur.

La forêt de Tono-mine (*préfecture d'Ozaka*) est riche
en feuillus de toute espèce ; on se propose aussi, lorsque
les exploitations seront reprises, d'abattre tout le massif
pour replanter uniquement en Segni, à la révolution de
quatre-vingts ans. Et cependant le sol granitique profond,

enrichi par l'épargne de plusieurs siècles donne là des chênes, des pins, aussi bien que des Segni, d'un mètre de diamètre. Au travers des éclaircies du bois, on aperçoit toute la région, couverte de forêts particulières traitées par ce procédé ; ce ne sont que reboisements faits en Kounougni (*Quercus serrata*), en Segni, en Sawara, parfois en Segni et en Hinoki, sur l'emplacement d'anciennes forêts défrichées.

La forêt de Kasougayama (*préfecture d'Ozaka*) renferme les plus beaux types de peuplements bien conservés du Japon. Elle appartenait à une bonzerie célèbre et fut réunie au domaine en 1808. Comme ce temple, dont elle dépendait, était l'objet d'une grande vénération, on en a laissé la jouissance à peu près entière aux prêtres de l'endroit, et le service forestier s'abstenant d'y effectuer des coupes, permet encore aux anciens propriétaires d'en retirer quelques arbres qui leur sont nécessaires pour l'entretien de leurs édifices. La forêt n'est nullement compromise, les prêtres n'abusant pas de cette tolérance, et les peuplements étant mieux protégés contre les délits par leur caractère sacré, que par l'unique gardien du temple qui est en même temps garde forestier.

Le bas de la montagne (le Mikasayama) est couvert de gazon que l'on incendie chaque année pour favoriser la croissance des fougères comestibles (*Warabi*) ; c'est un lieu de promenade favori des habitants de Nara, la grande ville voisine, et la beauté de ces lieux a été chantée maintes fois par les poètes, alors que cette ville était la capitale de l'empire. Lorsqu'on pénètre dans le peuplement, les essences que l'on rencontre sont très variées, et pour la plupart des feuillus à feuilles persistantes : Akakachi, Sii (chênes verts) de haute taille, Kemponachi (*Hovenia dulcis*), Tsoubaki, que des lianes puissantes relient entre eux, dominant un sous-bois dans lequel abonde l'Asebo. Cette partie de la forêt fut respectée par les bonzes depuis l'origine du temple, aussi est-elle aussi sauvage que les parties les plus reculées des forêts inexplorées de l'Amérique. Jamais on n'y abattit un arbre ; ils meurent de vieillesse, beaucoup sont étendus à terre au milieu des débris de pourriture laissés par leurs aînés. On voit des cimes d'une végétation puissante, d'une dimension rare au milieu de vieux sujets morts depuis longtemps et découronnés.

Il est assez difficile d'atteindre la zone supérieure où apparaissent le Momi (*Abies firma*), le Tsouga (*Abies tsouga*), le Kouromatson (*P. Thumbergii*), en mélange avec des chênes. On fait à cet endroit quelques exploitations sans endommager le peuplement.

Plus haut encore, le cryptomeria domine, et malgré des coupes plus importantes on y trouve de très beaux troncs d'arbres. Sur un sol riche, argilo-siliceux, auquel la nature restitue à peu près intégralement ses fruits, les arbres peuvent atteindre un beau développement, mais ils dépassent à cet endroit toute attente et quelques-uns peuvent être comparés à des végétaux universellement célèbres.

Tout d'abord, et ils sont nombreux, on en voit qui ont 6 mètres de tour ; je passe près d'un autre qui a $7^m,50$, d'un autre encore qui a $8^m,70$, découronné par la foudre, brisé sur toute sa hauteur et toujours vigoureux. Enfin un des plus gros, sans trace de dépérissement, a $9^m,90$ de circonférence, 40 mètres de hauteur, la première branche étant à 8 mètres du sol. Les arbres d'un mètre de diamètre sont communs ; ce sont en général des Momi, des Kourokaki (*Diospyros lotus*), des Segni. On ignore l'âge des gros fûts, car on n'en a pas abattu depuis fort longtemps. Des marchands ont offert 4,000 francs de chacun des 16 plus beaux fûts, et l'on a refusé de les leur abandonner ; l'administration préfectorale a également fait estimer les chablis qui se trouvent dans la forêt et a voulu les mettre en vente aux enchères avec une mise à prix de 56,000 francs, sur une surface de 552 hectares ; mais elle a abandonné ce projet à la prière des bonzes de Kasouga et l'on continue à laisser la pourriture enrichir le sol de la montagne.

Sur le versant opposé, à l'exposition sud, les cryptomerias sont de moins en moins nombreux en même temps que l'altitude diminue, et sont remplacés par les sapins et les chênes ; les sous bois sont un peu plus variés, ce sont des Asebo, des Skibi (*Ilicium religiosun*), des Saïkaki (*Cleyera japonica*), des Tara (*Araria spinosa*). En mélange avec des essences plus communes, on trouve de l'Issou (*Dystilium racemosum*) du Kourokaki (*Dyospiros lotus*), l'un de ceux-ci atteint la rare dimension de

3^m,30 de tour et doit être très vieux. Son bois veiné de
noir est assez recherché pour que ce pied ait une valeur d'environ 4,000 francs. Puis apparaissent les Ka-
raachiba (*Picea alcocquiana*) qui deviennent dominants
et forment vers le bas de la montagne un peuplement
complet et régulier, souvent mis à contribution pour
les coupes, car les pieds les plus gros ne dépassent pas
1 mètre de circonférence. Tout près du temple, les cryptomerias reparaissent comme arbres sacrés. Sept d'entre
eux, de haute taille, ont leurs souches alignées et sou-
dées à 30 centimètres au-dessus du sol.

Aucun aménagement n'a été présenté et n'est même
en préparation pour la forêt de Kosougayama.

J'ai visité quelques forêts dans lesquelles on était
parvenu de longue date à constituer des peuplements à
l'état pur; on les considère dans le pays comme belles,
en raison de la régularité des massifs. Je les ai trouvées
de beaucoup inférieures à celles dans lesquelles le mélange des essences se rapprochait davantage de l'état
naturel.

La forêt d'Augura (conservation d'Ayematsou), d'une
contenance de 545 hectares, à l'altitude de 750 mètres
en plaine, est entièrement constituée par des pins rouges : le sol est argileux, divisé, peu profond, un peu
humide, recouvert dans presque tous les cantons d'une
couche uniforme de polytrics au milieu desquels apparaissent quelques liliacées et des fougères, fort peu de
buissons, quelques genévriers. On aperçoit de tous

côtés des chablis, en moyenne un tous les 20 mètres ;
ils fournissent à eux seuls une coupe importante chaque
année : leur présence n'a rien qui étonne dans des peuplements constitués par des perches minces, portant haut
un mince bouquet de feuillage. L'ensemble est très
homogène, tous les fûts sont droits, ont le même
diamètre, tous deviennent rouges au même niveau et
se garnissent de branches au même étage. Mais la mai-
greur des fûts donne à tous un aspect maladif, presque
misérable ; de loin en loin les tiges se gonflent sous l'action de quelque cryptogame qui produit des chaudrons.
Dans les parcelles où d'abondants chablis ont trans-
formé le peuplement en coupes d'ensemencement, le sol
est tapissé par les jeunes semis sur lesquels on compte
pour renouveler la forêt après l'exploitation.

Pour établir les coupes, on a fait dans le dernier aménagement le dénombrement des arbres ; le chiffre obtenu
a été divisé par le nombre d'années contenu dans la
période. On a constaté que l'essence n'était pas dans les
meilleures conditions et l'on a pour ce motif fixé l'âge
d'exploitation à cinquante ans. La coupe se fait à blanc-
étoc sur des semis préexistants. On éclaircit : ceux-
ci à dix, quinze ou vingt ans, puis on laisse aux vents le
soin de continuer l'opération pendant les années sui-
vantes.

De trente à cinquante ans la forêt gagne peu, mais
les semis apparaissent, les perches s'espacent régulièrement de 1^m,50 à 2 mètres, le couvert est léger   la

lumière arrive en quantité suffisante pour que les jeunes sujets s'établissent, constituant un fourré de 2^m,50 à 3 mètres de haut.

Les produits des coupes d'éclaircies sont peu rémunérateurs ; la coupe définitive est formée d'arbres âgés de cinquante à soixante ans (cette variation est due à l'irrégularité des exploitations), hauts de 3 à 10 mètres, ayant de 30 centimètres à 1^m,50 de tour. La dernière coupe de 12 hectares a donné 8.178 arbres d'un volume total de 4,672 stères.

En somme, le rendement est faible, car ce bois n'est pas estimé pour la menuiserie ou la charpente ; on ne l'emploie que pour les ouvrages les plus grossiers, et la majeure partie des produits de la forêt d'Augura est consommée en bois de chauffage dans les villes voisines.

A quelques lieues de distance, la forêt d'Ata, de 119 hectares, est à peu près dans le même état : l'administration forestière ne l'a pas exploitée depuis qu'elle appartient au domaine impérial, et s'est contentée d'enlever chaque année les chablis qui se produisaient.

Dans les vieux peuplements, les arbres ont atteint 30 mètres de hauteur, 1^m,50 de tour et les chablis sont un peu moins fréquents, mais les arbres sont moins droits dès qu'ils s'isolent du voisinage et dans les plus jeunes massifs on ne constate guère de différence avec ceux de la forêt d'Augura.

L'Akamatsou robuste contre le froid et la chaleur,

craint beaucoup les vents et la neige : il est donc nécessaires de l'élever en massifs très serrés. Si cette essence
est seule dans le peuplement, les fûts s'élancent minces
et délicats comme des bambous, le feuillage est insuffisant et l'aspect misérable.

Dans le cas particulier des forêts d'Ata et d'Augura,
on peut constater de plus que les deux forêts, exploitées
pendant des siècles, ont épuisé les couches du sol auquel
elles font des emprunts, sans rien lui restituer et qu'il
doit commencer à s'appauvrir en matières minérales
indispensables à la croissance des pins.

Ces deux motifs viennent s'ajouter pour indiquer
comme nécessaire l'introduction des essences feuillues:
leurs larges branches au couvert léger permettront la
reproduction naturelle des pins et serviront d'appui à
leurs tiges délicates. Ces essences nouvelles trouveront
un sol riche en éléments qui leur sont nécessaires et
les Akamatsou plus clairsemés pourront aller chercher
sur une plus grande surface, la nourriture particulière
qu'actuellement ils sont trop nombreux à se partager. On
obtiendra ainsi des forêts analogues à celles que produisent ces lois naturelles dont il est possible de tirer parti
lorsqu'on est parvenu à les connaître, mais auxquelles
on ne peut contrevenir sans grand danger d'insuccès.

Au centre de la province de Mino est une grande
plaine parsemée de petits monticules hauts de 100 à
150 mètres, boisés très régulièrement en Akamatsou,
sans mélange d'autres essences et même sans buissons

en sous bois. J'en ai traversé des milliers d'hectares,
cultivés d'une façon uniforme par un procédé spécial
aux particuliers, identique au système allemand dit
d'Hartig et Cotta, et appliqué depuis plusieurs siècles
au Japon.

Les coupes sont étroites et longues, disposées suivant
les lignes de plus grande pente, de part et d'autre
d'une ligne de niveau A B qui divise la montagne en

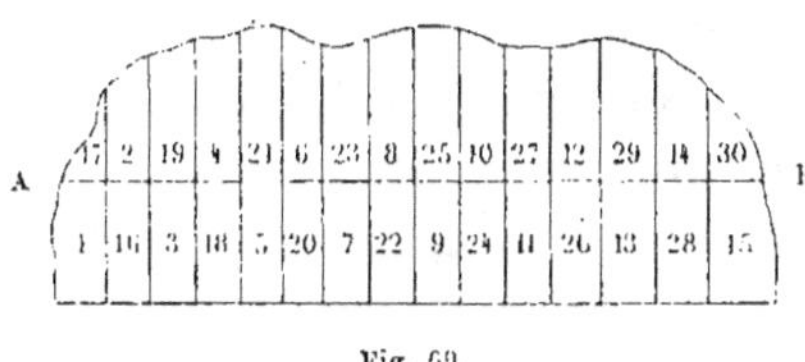

Fig. 69.

deux parties à peu près égales. Les coupes passent successivement de la partie supérieure à la partie inférieure
et réciproquement, de telle sorte que chaque exploitation
est toujours comprise entre deux massifs de pins beaucoup plus âgés. La révolution est au plus de trente ans,
donnant dans ce cas des perches de 70 centimètres de
tour. Au moment des exploitations les semis n'existent
pas ou sont rares, mais dès l'année suivante, ils apparaissent constituant des fourrés épais que l'on éclaircit
à trois reprises à sept, quatorze et vingt ans, pour déga-
ger les brins bien venants et enlever les essences autres
que le pin. Des élagages se pratiquent aux mêmes
époques jusqu'à une hauteur de 2 mètres au-dessus du

17

sol, portant sur les six premiers verticilles des arbres.
On exploite souvent à blanc-étoc, mais lorsque la coupe
est un peu large et dépasse une quarantaine de mètres,
on laisse vers le milieu quelques gros arbres comme
porte-graines.

Le rendement à l'hectare de la coupe définitive est de
900 arbres d'une valeur de 1,000 francs, ce qui donne
pour la forêt entière un revenu de 33 francs par hectare
et par an, bien faible pour le pays; mais cette sorte de
culture n'est appliquée que dans de mauvais sols où l'on
obtiendrait difficilement d'autres récoltes.

LES FORÊTS PARTICULIÈRES

Le domaine forestier de l'Empire prend de jour en
jour plus d'importance en raison de la disparition des
forêts particulières; de mauvaises exploitations, des
coupes abusives ont ruiné ces propriétés. Les défrichements entrepris en vue de la culture des céréales n'ont
pas causé grand dommage au pays, car les champs ne
représentent qu'un dixième de la surface totale du Japon;
mais situées dans le voisinage des villes, les forêts plus
souvent particulières que domaniales, ont donné plus
qu'on n'aurait dû leur demander; les bois de valeur ont
disparu dès le principe: on a établi les aménagements
en vue d'une production abondante de menus bois à tel
point que dans certaines forêts de pins, la coupe se fait par
surface à l'âge de huit ans! Enfin les peuplements se sont

clairiérés, les montagnes se sont couvertes de prés-bois,
de pâturages, sans que le gouvernement ait trouvé dans
ses lois le moyen d'enrayer cette ruine.

Un bureau spécial est chargé dans chaque préfecture
de la surveillance des bois particuliers, mais son action
se réduit à défendre les exploitations lorsqu'elles peuvent
entraîner la dégradation d'une montagne, favoriser la
création de torrents, ou nuire à la défense du pays.

Il ne peut s'opposer aux dangers causés par les mauvaises exploitations, bien qu'il s'en rende compte et
déclare dans certaines provinces que la forêt particulière
aura complètement disparu dans vingt ans.

Si telle est la situation générale des forêts naturelles,
il faut reconnaître qu'il y a des exceptions à faire en
faveur des plantations, qui tout au contraire ont été établies par les particuliers et ont servi de modèles aux
cultures forestières analogues de l'Etat.

On verra dans le chapitre suivant à quel degré de
perfection a été porté, dans la province de Yamato,
l'art de planter : on trouve de loin en loin, du nord au
sud, des forêts dues à la main de l'homme, le plus souvent des massifs de Segni, auxquels on ne peut faire
d'autre reproche que celui d'être formés exclusivement
d'une même essence. Les moyens de communication faisant défaut, les bois sont chers et ces cultures sont
souvent plus rémunératrices que celles des céréales.

VIDANGE

Le Japon est sillonné de routes reliant entre elles les villes et les villages.; elles suivent généralement les vallées, n'étant que d'une faible utilité pour la vidange des forêts, et l'on n'en a construit aucune dans ce but spé-

Fig. 70. — Transport des troncs à dos d'hommes.

cial. On se propose d'en faire tracer tout un réseau par l'administration forestière, on pourra ainsi obtenir à meilleur compte des bois qui sont d'une extrême cherté dans un pays pourtant très boisé, puisque les forêts occupent les trente-quatre centièmes de la surface.

Les rivières constituent donc à peu près l'unique moyen de transport ; dans les seules forêts du Kiso, 1,864 rivières contribuent à la vidange.

Pour amener sur leurs bords les pièces de bois, alors
même que l'on dispose de routes et de sentiers, ce sont
des hommes qui les transportent sur leurs épaules ; la
charrette est inconnue : les mulets ne sont chargés que

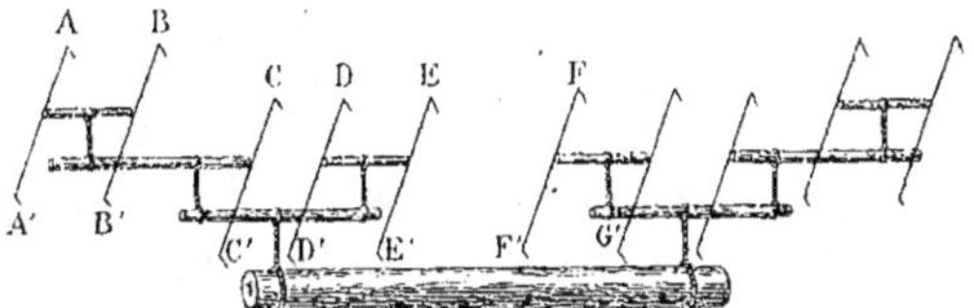

Fig. 71.

du bois de chauffage et du charbon ; tout au plus quelquefois place-t-on les troncs sur un essieu porté par des
roues massives et basses ; un homme à l'une des extré-

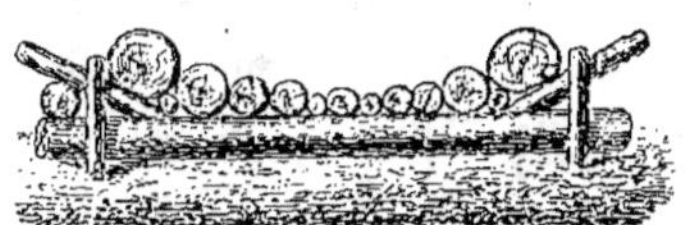

Fig. 72.

mités a sa part du fardeau et dirige ce véhicule rudi-
mentaire.

Pour transporter à dos d'homme les grosses pièces,
il faut de trop nombreux porteurs pour qu'ils puissent
placer les arbres sur leurs épaules sans se gêner mutuel-
lement. J'ai vu jusqu'à 32 hommes descendant une seule
tronce du haut en bas d'une montagne.

Le fardeau est supporté par deux poutres de plus

faibles dimensions. Celles-ci sont attachées à des tiges
transversales que les hommes placent sur leurs épaules.
Le système se complique lorsque le poids de l'arbre
augmente. Je donne ci-dessus le croquis de l'appareil
usité pour une équipe de vingt porteurs placés en
AA', BB', etc.

Lorsque les pentes ne sont pas trop rapides, on établit avec les premiers arbres abattus des canaux, qui tra-
versant la coupe dans toute sa hauteur, conduisent les
troncs d'arbres jusqu'au bord de la rivière. Si un sen-
tier est sur son passage, la conduite est interrompue sur
quelques mètres, mais les pièces de bois arrivent avec
une vitesse telle de la partie supérieure, qu'elles traversent l'air comme des flèches et s'en vont retomber dans
le canal suivant sans s'arrêter dans leur course (fig. 72).

Les pins et essences de peu de valeur sont équarris
dans la forêt, les billes de Sawara sont au contraire
mises à l'eau après un simple écorcement; on peut utiliser leur bois avec l'aubier, et dans le cas où elles devraient
être équarries, le cœur se trouve protégé contre les chocs
inévitables dans le cours des ruisseaux.

Tout un système de barrages est établi dans les cours
d'eau pour cette opération, celui de Tsoukiji qui dessert
la forêt du même nom est un des plus importants du
Japon; il fournit annuellement 130,000 pièces de bois,
qui de là s'en vont en radeau jusqu'à la mer au port
de Kouwana.

Un cours d'eau est flottable à peu de distance de son

origine, il suffit qu'il ait une largeur de 6 mètres et 15 centimètres de profondeur. De loin en loin, lorsqu'il est nécessaire de relever le niveau, on établit des barrages : deux piles sont disposées au milieu du courant : ce sont des pieux réunis par des lianes formant des cylindres que l'on remplit de pierres. Des

Fig. 73. — Ruisseau flottable.

perches, appuyées sur le rivage et sur ces piliers, permettent de disposer verticalement des planches qui font obstacle au courant vers les bords de la rivière.

Tous les interstices sont fermés par des écorces de Segni et toute l'eau passe nécessairement entre les piles, au-dessus d'une cloison moins élevée que les précédentes.

Parfois, pour éviter que les arbres ne se brisent oans ces chutes, un plancher conduit en pente douce les troncs entraînés par le courant d'un niveau à l'autre.

Des hommes, armés de gaffes en bambou, dirigent le cours des arbres jusqu'au lieu où ils viennent se réunir, dans une partie plus large de la rivière où on les assemble pour former les radeaux. Cet endroit se

Fig. 74.

nomme Tsounaba (de *Tsouna, corde*). Un câble AB, auquel sont attachés d'énormes troncs, barre toute la largeur du courant, maintenant des radeaux assez épais pour entraver jusqu'à une certaine profondeur le passage des billes de bois qui arrivent de la montagne.

Un peu plus loin, la rivière est divisée en deux parties par un pont flottant, solidement attaché à un rocher et fixé par des câbles LM, qui le relient sur les berges, soit à des gros arbres, soit à des piliers de maçonnerie construits dans ce but spécial.

La clôture AB est ouverte lorsqu'il s'agit de cons-

truire les radeaux ; les troncs sont alors dirigés, d'un côté
en P par exemple si elles appartiennent à l'État, de l'autre
en O si elles proviennent des bois particuliers ; elles sont
bientôt arrêtées par des barrages DE, D'E'. Des ouvriers
choisissent dans l'entassement des billes celles qui sont

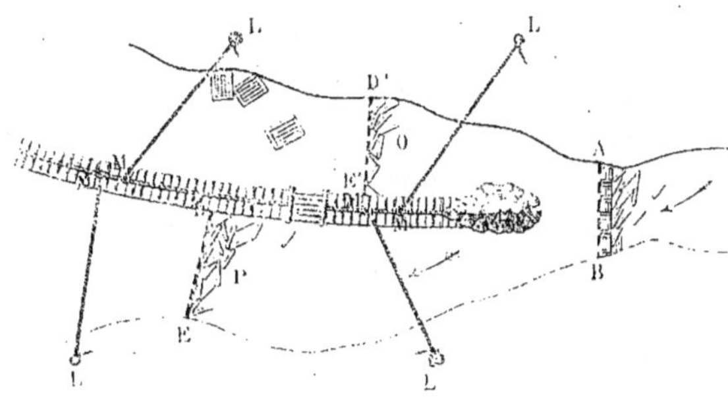

Fig. 7.

nécessaires pour la construction des radeaux. Debout
sur l'une d'elles, sans autre secours qu'un bambou, un
homme la conduit de l'autre côté du pont flottant, en
passant sous une passerelle, qui le divise vers son
milieu, et l'assemblage se fait rapidement. Pour faire
avancer les billes dans la direction voulue, ils les font
rouler avec leurs pieds à la surface de l'eau, avec
une adresse d'équilibristes consommés. Les particuliers
ouvrent de temps en temps le barrage D'E' pour laisser
sortir les troncs qui sont réunies de la même façon et au
même endroit : quand un nombre suffisant de radeaux

18

est préparé pour former un train, un signal est donné
et toutes ces frêles embarcations sont abandonnées au
courant, bondissant au milieu des rapides, dirigées par
un seul homme qui à chaque instant entre dans l'eau
jusqu'à la ceinture ou disparaît dans l'écume ; il semble
insensible à ces légers inconvénients ; de temps en
temps, donnant un coup d'aviron, il s'éloigne des récifs
sur lesquels le courant le porte, ou dégage son radeau
pris entre deux rochers. S'il ne peut y parvenir, d'autres
radeaux plus petits quittent le rivage ; ils n'ont pas
plus d'un mètre et demi de côté ; un homme est sur
chacun d'eux ; ils approchent rapidement et quelques
coups de bambous adroitement appliqués délivrent le
prisonnier. L'adresse de ces gens égale celle des meilleurs clowns, leur intrépidité est sans limite ; j'ai vu
dans le Kiso beaucoup d'ouvriers employés aux barrages qui se lançaient debout sur une tronce de 30 centimètres de diamètre, au milieu des rapides et des rochers,
pour descendre une rivière large de plus de 100 mètres.
La vitesse de l'eau était telle qu'à chaque instant elle
formait, en luttant contre les obstacles, des vagues qui
cachaient l'homme à nos yeux ; il reparaissait un peu
plus loin aussi tranquille, aussi solide que s'il eût navi-
gué sur un lac.

Les radeaux parcourent isolément quelques lieues ; dès
que la rivière est assez large, on les réunit deux par
deux, plus loin encore quatre par quatre, ce qui permet
de réduire le personnel qui les dirige : le prix de trans-

port est d'ailleurs peu considérable, car les ouvriers ne
sont payés que 70 à 80 centimes par jour.

Les troncs d'arbres qui forment barrage étaient
autrefois attachées à une chaîne de fer, mais les chocs
produits par l'arrivée continuelle des bois les brisaient
fréquemment et on a dû les remplacer par d'énormes
cordages, faits de lianes tressées et plus récemment par
des câbles en chanvre qui pourrissent moins rapidement,
mais ont le tort d'être plus coûteux.

Les plus grands travaux de ce genre sont faits aux
frais de l'Etat, qui fait payer à chaque particulier un
droit proportionnel au cube de matériaux qui utilisent
la Tsounaba.

Malgré les précautions prises, il arrive parfois que
les cordages se brisent, lorsque, sous l'action d'une crue
subite qui donne au courant une rapidité considérable,
les bois arrivent en masse exerçant une trop forte pression.

Tous les arbres seraient perdus si on ne trouvait
moyen de les arrêter dans leur course vers la mer et
une armée d'hommes ne suffirait pas à ce travail ; on a
donc construit en aval de la façon suivante, des enceintes
dans lesquelles viennent se jeter d'eux-mêmes tous les
bois égarés.

Lorsqu'une rivière a un cours sinueux, les eaux, em-
portées par leur vitesse, tendant toujours à s'échapper
par les tangentes aux courbes qu'elles décrivent, creu-
sent leurs lits dans les parties concaves du cours

d'eau [1]. Il s'ensuit qu'aux eaux basses, le courant suit le
bord de ces concavités, passant d'un bord à l'autre aussi
souvent que la courbe change de sens, laissant plus ou
moins à sec la partie du lit voisine des convexités.

On plante en A, B, C, dans ces parties généralement
à sec, des pilotis formant des enceintes doubles, ouvertes
vers le bord du fleuve. Aussitôt que les eaux s'élèvent,
ils sont immergés, mais leur hauteur est assez grande
pour que dans les plus fortes crues, ils dépassent toujours

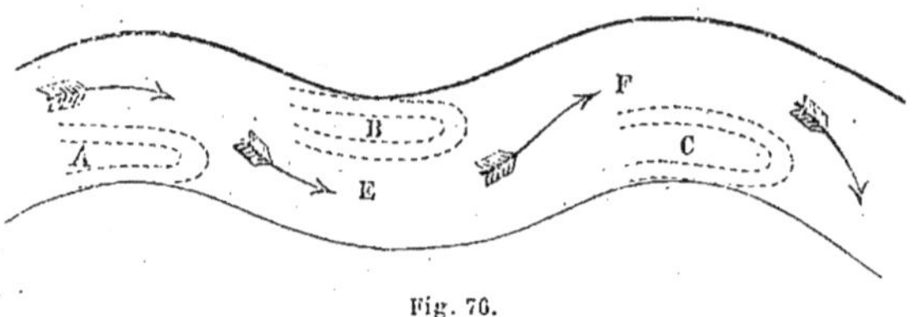

Fig. 70.

le niveau des eaux. Lorsque l'eau arrive en grande masse,
emportant les barrages, la rivière coule à pleins bords,
décrivant de moindres courbes ; les bois qui vont à la
dérive suivent les uns la partie droite, les autres la partie
gauche de la rivière. Les uns et les autres sont arrêtés
par les enceintes, qui leur ferment le passage de chaque
côté, puisque les deux rives sont alternativement garnies
de ces ouvrages. Pour plus de précautions on en cons-

1. — C'est en vertu de cette loi que le cours des rivières tend à être
de plus en plus sinueux, qu'il se modifie sans cesse dans ce sens, comme
il a été constaté par Belgrand pour le parcours de la Seine qui s'est
agrandi de 138 kilomètres dans la période des âges historiques.

truit un grand nombre et sur un parcours de plusieurs
lieues. La Tsounaba de Tsoukiji, par exemple, est assurée
par dix-sept enceintes de ce genre qui permettent rarement, même à une tronce isolée, de flotter jusqu'à la
mer.

Le bois de chauffage ne voyage pas par eau ; on ne
lui fait pas parcourir de grandes distances et il est
généralement porté à dos d'hommes dans les centres de
consommation voisins. Si la forêt est un peu éloignée,
ou bien on abandonne des produits qui seraient sans
valeur, ou bien ils sont convertis en charbon, pour être
transportés de même par des hommes ou plus rarement
à dos de mulet.

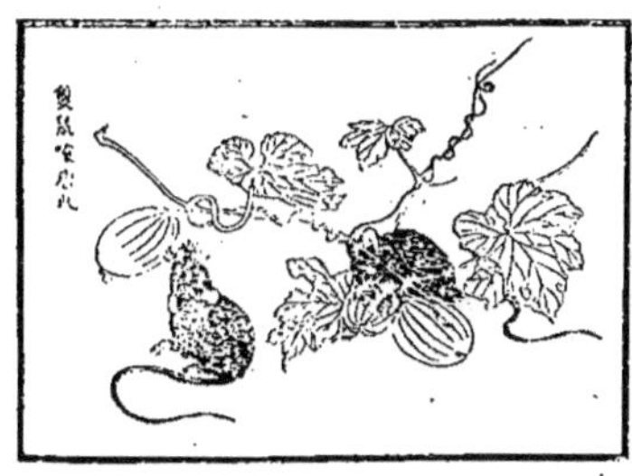

CHAPITRE V

REBOISEMENTS

MPLOI DE PROCÉDÉS DIVERS. — Les reboisements, dans l'acception exacte du mot, c'est-à-dire les travaux qui ont pour but de créer des forêts sur des sols dénudés, sont si peu importants au Japon qu'ils méritent à peine d'être mentionnés.

A quelques lieues à l'est d'Otsou, des montagnes de sable absolument nues, descendent peu à peu dans la plaine : on a essayé, mais sans succès, de les consolider en y plantant des arbres. Les travaux entrepris sont restés infructueux et sont aujourd'hui abandonnés. En d'autres endroits et en particulier dans la conservation de Gifou, le service préfectoral fait établir quelques plantations sur la partie supérieure des torrents ainsi que sur les rives des cours d'eau. S'ils ne peuvent se maintenir sur le terrain, on commence par planter des herbes ou des arbustes en rangées, suivant des lignes de niveau, puis des clayonnages établis dans le lit même du torrent transforment son cours trop rapide en une série de cascades. Ces travaux ne sont pas fréquents et chacun d'eux est très peu considérable.

Dans le voisinage des grandes forêts domaniales, on établit des pépinières volantes pour replanter les quelques vides qui font tache dans la forêt, plus souvent pour introduire ou multiplier une essence que l'on apprécie dans les peuplements; mais ce sont là des travaux sans grand intérêt cultural, faits sur une petite échelle, suivant des règles qui varient avec les localités et dont l'importance réside plutôt dans la nature des arbres employés que dans le mode de plantation. Dans la conservation de Gifou, par exemple, dont la surface boisée est de 543,824 hectares, on a planté en 1886, 87,000 arbres. Les semis en pépinière sont replantés à un et deux ans, mis sur place l'année suivante. On les dispose à 90 centimètres ou 1 mètre de distance en tous sens, et trois ans plus tard on les dégage des mauvaises herbes qui peuvent gêner leur croissance. La dépense est de 2 fr. 40 par 1000 plants pour la main-d'œuvre, et la réussite varie de 70 à 80 p. 100.

Mais si par reboisements, on entend au contraire toutes
les forêts créées par la main de l'homme, on constate au
Japon l'existence de magnifiques cultures, établies sur
l'emplacement d'autres forêts défrichées pour leur faire
place, et soignées suivant des procédés assez intéressants
pour former la principale attraction forestière du pays.

Lorsque le Ministre de l'agriculture, M. Yoshida, se
rendit dans la province de Yamato, le préfet qui l'ac-
compagnait lui dit : Les plus belles forêts de Segni du
monde entier se trouvent au Japon, les plus riches du
Japon sont dans la province de Yamato, et les mieux
entretenues de la province sont celles de M. Ito.

Avant toutes autres, je vais donc décrire les cultures
de ce riche propriétaire et donner le détail de tous les
soins dont il entoure ses plantations, tel que je le tiens
de lui-même.

Pépinières et Plantations de Segni. — La récolte des
cônes se fait en automne sur les branches les plus
longues, d'arbres âgés de cinquante à quatre-vingts ans.
Pendant 20 jours on les expose au soleil pour les faire
sécher : la graine s'en sépare d'elle-même et on la
conserve dans des seaux jusqu'au printemps suivant.

L'emplacement choisi pour la pépinière reçoit de
l'engrais à 5 ou 6 reprises pendant un an ; le printemps
venu, on en met une dernière fois, on creuse des sillons,
et la terre est bien tassée dans les intervalles : cette
précaution est, paraît-il, nécessaire pour que le pivot se

développe bien. La graine est semée sur le sol à raison de soixante centilitres par mètre carré si elle est de bonne qualité, et plus abondamment dans le cas contraire. On étend par-dessus, au moyen d'un tamis, de la terre très divisée en épaisseur suffisante pour que les graines disparaissent, et le tout est recouvert de branches de Hinoki, de Segni qui protégeront contre le soleil et la pluie.

Au printemps de l'année suivante les semis ont 6 à 9 centimètres de hauteur, on en transplante 4 à 600 par mètre carré dans un nouvel emplacement préparé de la même façon que le premier.

Un an plus tard les sujets atteignent 18 à 20 centimètres ; on les repique à raison de 300 à 350 par mètre carré dans des plates-bandes espacées d'un mètre, afin que les ouvriers puissent circuler entre elles pour arracher les plants de mauvaise venue, les mauvaises herbes qui serviront d'engrais. Les meilleurs plants ont 45 centimètres de hauteur au quatrième printemps ; on les transporte dans la forêt en abandonnant ceux qui dépassent cette taille et qui n'ont aucune chance d'avenir. Dans le fond des vallées, où les chutes de neige ne sont pas très abondantes, on installe 18,000 pieds par hectare. A mi-hauteur de la montagne, on en met 13,000 ou 15,000, et 9,000 seulement sur les sommets exposés au vent ou à la neige.

Pendant l'été et l'automne, on arrache les herbes pour les enterrer sur place et cette double opération se répète l'année suivante.

A sept, huit ou dix ans, si le terrain est très bon, ou
vers treize et quatorze ans s'il est mauvais, on coupe
toutes les branches basses, les essences étrangères qui
se sont introduites dans le peuplement et gênent sa
croissance. Quatre ou cinq ans plus tard les Segni doivent être hauts de 3 mètres; le moment est venu d'enlever à la serpe (*nata*) toutes les branches qui sont à
moins d'un mètre du sol ; tous les produits obtenus par
ces opérations servent d'engrais et sont laissés et même
enterrés sur place. Lorsque les branches s'entrelacent,
vers dix-huit ou vingt ans, on marque les arbres qui
doivent tomber pour éclaircir le peuplement (cette opération est appelée le Katadori). On prend soin d'espacer
très régulièrement les pieds que l'on conserve et dont les
branches ne doivent pas se toucher; un procédé, récemment introduit par les agents forestiers qui ont fait leurs
études en Allemagne, consiste à enlever systématiquement tous les arbres qui sont au-dessus ou au-dessous
de la taille moyenne.

La forêt vient de donner ses premiers produits et trois,
cinq ou sept ans plus tard, lorsque les arbres ont de huit
à neuf ans, la même opération est renouvelée. En général, de la vingtième à la cinquantième année, on espace
ces coupes de cinq à dix ans : il n'y a aucune règle fixe
qui dirige les rares exploitations qui peuvent se faire
de cinquante à cent trente ans et qui en tout cas, au delà
de quatre-vingts ans, ne portent que sur les chablis ou les
arbres dépérissants.

Au sommet des montagnes la neige et le vent courbent ou renversent fréquemment les arbres ; s'ils ne sont pas complètement déracinés, on les redresse et on les maintient dans leur position normale par des lianes qui les attachent aux arbres voisins.

Une forêt, située à une altitude moyenne, dans des terrains assez riches de la commune de Yoshino, donne les rendements suivants pour une révolution de cent trente ans; dans ce cas particulier, la croissance a été assez rapide pour que le peuplement ait été éclairci pour la première fois dix ans après l'exploitation.

ANNÉES	ARBRES ENLEVÉS	TOUR EN CENTIMÈTRES	HAUTEUR EN MÈTRES	VALEUR EN FRANCS
10	2 200	0,15 à 0,18	1,50 à 1,60	0
15	2 200	0,30 à 0,35	3 à 6	0
20	2 200	0,45 à 0,55	6 à 9	0
25	2 200	0,55 à 0,70	9 à 12	0,02
30	1 100	0,70 à 1,00	10 à 13	0,06 à 0,08
40	1 100	1,00 à 1,30	15 à 18	0,15 à 0,20
50	500	1,25 à 1,60	21 à 24	0,70 à 1,00
60	500	1,50 à 1,90	27 à 30	3 à 4
70	250	1,80 à 2,20	30 à 33	8 à 12
80	250	1,90 à 2,40	30 à 35	16 à 24
100	»	2,25 à 2,70	30 à 35	32 à 45
130	500	3,00 à 3,60	30 à 36	60 à 80

Un peu plus au nord, à Tonomine, dans la même province de Yamato, la croissance est un peu plus lente: on y fait des plantations de 18,000 pieds à l'hectare qui ont été dirigées comme il suit pour une exploitation définitive, à l'âge de quatre-vingts ans.

ANNÉES	ARBRES ENLEVÉS	TOUR EN CENTIMÈTRES	HAUTEUR EN MÈTRES	VALEUR EN FRANCS
Avant 10 ans, enlèvement de 1800 sujets morts ou renversés, sans valeur.				
10	2 250	0,09 à 0,15	1,50 à 3	0
15	2 250	0,18 à 0,25	3 à 4,50	0,03
20	2 700	0,30 à 0,40	5 à 6,50	0,08
25	2 925	0,30 à 0,55	7,50 à 9	0,22
30	3 150	0,60 à 0,75	10 à 12	0,60
40	1 350	0,85 à 1,00	13 à 15	1,20
50	675	1,00 à 1,20	16 à 18	2,40
60	360	1,15 à 1,35	18 à 20	4,80
70	90	1,25 à 1,50	21 à 22	12,00
80	450	1,40 à 1,70	22 à 24	18,00

Les Segni sont coupés à 20 ou 40 centimètres du sol, on juge inutile d'extraire la souche et le bas du tronc dont le bois est réputé mauvais. Ils pourrissent sur place avec les menues branches qui ne doivent pas être enlevées du parterre, dans les bonnes exploitations; on laisse ensuite le terrain en friche pendant deux ans, des morts bois, des bambous, des herbes y croissent en abondance. C'est de l'engrais qui ne doit pas être exporté et que l'on enterrera quelque temps avant d'établir une nouvelle plantation.

L'exécution de ce programme peut varier très sensiblement selon les propriétaires, comme on le verra par les exemples suivants.

La forêt particulière de Koidano, peuplée de Ŝegni pur, dans un sol siliceux à l'altitude de 200 mètres, montre un des beaux résultats du système. Dans un peuplement âgé de soixante ans, les fûts s'élancent parfaitement droits à une hauteur uniforme de 30 mètres, avec une circonférence de 1 mètre à 1^m,70. La grosseur varie plus sensiblement que dans la plupart des autres forêts, sans doute parce que les premières éclaircies n'ont pas été pratiquées très régulièrement.

Les arbres s'espacent uniformément à 4 mètres l'un de l'autre, les cimes se touchent par l'extrémité des branches et bien que le couvert ne soit pas très sombre, aucune végétation ne se développe en sous bois : le sol n'est couvert que d'un tapis de branches et de feuilles mortes.

Il y a dix ans que fut faite en cet endroit la dernière coupe qui fit tomber seulement 10 arbres à l'hectare, donnant un revenu moyen de 36 francs, mais le bois n'avait pas à cette époque la valeur qu'il atteint maintenant.

Près de là est un peuplement âgé de vingt ans, dans lequel on vient d'effectuer la seconde coupe ; par les chandeliers hauts de 40 centimètres qui parsèment le sol, on peut voir qu'avant l'opération les arbres étaient espacés de 1 mètre en tous sens. On a enlevé 1,600 arbres, tous dominés ou mal venants. Ceux qui restent sur pied, hauts de 15 mètres, ont 50 à 60 centimètres de tour et

leurs branches se touchent sans s'entrelacer, constituant un couvert complet sous lequel ne se développe
aucune végétation arbustive ou herbacée.

Dans la forêt de Nagataera, je pus ainsi voir un peuplement parvenu à cent trente ans, au terme de son
exploitabilité.

Les arbres avaient 40 mètres de hauteur, de $2^m,70$ à
$3^m,15$ de tour et étaient espacés de 4 mètres environ les
uns des autres. Le sol siliceux, profond, était couvert
d'une épaisse couche de terre noire produite par la
décomposition des branches mortes ; les herbes et en
particulier les petits bambous étaient assez fréquents,
mais on n'apercevait aucun arbuste en sous bois. Aux
fentes profondes de l'écorce, on reconnaissait que la
croissance avait été rapide, que le sol était non seulement bon, mais même trop riche, puisque les bois ont
une qualité inférieure lorsque leurs zones d'accroisse-
ment sont trop larges. Le Hinoki eût poussé dans ce
sol, mais il préfère pourtant qu'il s'y trouve en mélange
un peu de marne et qu'il ne soit pas aussi meuble.

Il est rare de rencontrer de grandes plantations de
Hinoki à l'état pur, le plus souvent on le mélange avec
le Segni et le Sawara.

Pépinières de Hinoki. — Les pépinières de Hinoki sont
disposées comme celles de Segni ; la plus importante
que je connaisse se trouve à Nara (*préfecture d'Ozaka*) ;
on y élève non seulement des Hinoki, des Segni, mais

encore des Sawara, Assoussi, Kounougni (*quercus Serrata*) et des Sendan (*Melia japonica*). Elle est située au milieu de la ville, sur l'emplacement de l'ancien château du gouverneur de la province; son étendue est d'un hectare environ, divisé en trois parties par deux larges allées. Dans la première on prépare pendant cinq ans le sol qui devra être ensemencé plus tard, dans la seconde se font les semis, et dans la troisième les repiquages.

Pour préparer le terrain on plante des mûriers auxquels on fournit chaque année des engrais qui viennent s'ajouter aux feuilles et plus tard aux jeunes pousses qui sont mises en terre. Après cinq années, le terrain est suffisamment engraissé ; il faut alors qu'il soit assez riche, sans l'être trop, car dans ce dernier cas la croissance des jeunes sujets est trop rapide ; ils sont trop grands lorsqu'on les transplante et meurent en forêt ; on le divise en plate-bandes de 80 centimètres de largeur, séparées par des fossés profonds de 30 centimètres qui doivent drainer et réunir dans un canal plus important les eaux qui seraient en excès. Sur la terre bien battue on sème à la volée et le plus régulièrement possible, la graine de Hinoki : au moyen d'un crible en bambou on étend une couche régulière de sable fin mélangé de terre jusqu'à ce que les graines disparaissent. Par-dessus le tout on dispose une autre épaisseur égale de sable siliceux très fin. L'ensemble a sur la terre l'avantage de se moins tasser et d'offrir par conséquent moins de résistance aux pousses qui doivent le traverser.

L'épaisseur totale des deux couvertures est d'environ cinq millimètres.

Pour protéger les graines contre les oiseaux, on étend des branches de sapin sur le sable et des piquets hauts de 40 centimètres supportent des nattes, qui pendant l'été, abritent contre la chaleur, d'une façon insuffisante il est vrai, car malgré cette couverture, malgré des irrigations répétées, tous les sujets ont été tués en 1887. Le repiquage se pratique comme pour le Segni et à quatre ans on peut effectuer le transport en forêt. On arrache les plants en prenant grand soin de ne pas briser les racines qui doivent être en forme de balais, réunies et pendantes : enfin pour le transport on les entoure de mousse humide et de paille. Si le terrain est horizontal, on donne dans le sol un coup de pioche, le plant y est placé et la terre non tassée est ramassée pour le recouvrir jusqu'au collet. Si le sol est en pente, l'ouvrier fait une entaille à la houe, ramenant à lui les terres détachées qui serviront de support, et la tige mise en place sur cette petite terrasse a ses racines recouvertes par la terre que l'on fait tomber de la partie supérieure du talus avec le même instrument.

Le gouvernement livre aux particuliers des plants prêts à être mis en forêt, âgés de quatre ans, qui peuvent être pris en pépinière aux prix suivants :

```
16 francs pour 1,000 Sendan
10       —          Kounougni
11 fr. 30   ...     Segni
12       —          Hinoki
```

Plantations de Segni et Hinoki. — La forêt de Tono-mine offre quelques exemples de plantations mélangées de Segni et de Hinoki.

Les plants sont placés à 60 ou 70 centimètres les uns des autres sur des lignes distantes de 70 centimètres, ce qui représente 18,000 pieds à l'hectare. C'est un chiffre très élevé qui ne permet pas aux arbres d'atteindre de grandes dimensions. Trois ans après la plantation, les Segni ont 70 centimètres de hauteur, les Hinoki sont un peu plus grands ; à quatre ans, le fourré a une taille moyenne de 1 mètre, à huit ans de 2 à 2^m,50, les sujets ont 12 centimètres de tour et ont été élagués sur 1^m,50 de hauteur. Lorsque les arbres atteignent 2 mètres, on commence les élagages à une hauteur variable, selon les fûts que l'on veut obtenir. On coupe les branches des Segni ; on tortille et attache autour du tronc celles des Hinoki ; leur mort lente et naturelle ne produit ainsi aucune tache dans le bois. On répète cette opération tous les ans jusqu'à ce qu'après plusieurs éclaircies, les branches supérieures venant à se joindre, l'émondage se fasse ensuite de lui-même.

A dix ans, la jeune futaie atteint 5 mètres, les arbres ont 20 centimètres de tour et l'on vient abattre à peu près la moitié du peuplement ; à vingt ans, les arbres sont espacés de 2 en 2 mètres, les fûts, après plusieurs exploitations ont 15 mètres de hauteur et 60 ou 70 centimètres de tour. Enfin les arbres exploitables à quatre-vingts ans ont 20 mètres de hauteur et 80 centimètres de tour.

Sous tous ces peuplements il ne pousse aucun buisson, mais les coupes qui viennent d'être exploitées sont envahies par de nombreuses essences feuillues et par des bambous nains.

Les frais de plantations ont été en cet endroit de 54 francs par hectare. Les travaux d'entretien (coupe des bambous, des lianes, etc.) de 60 francs, répartis sur les cinq premières années de la culture. Passé ce délai, les arbres sont assez vigoureux pour dominer les herbes et les morts bois qu'ils finissent par étouffer.

Dans la forêt de Kiogatani, un peuplement d'Hinoki et Segni âgé de quatre-vingt-dix ans, haut de 30 mètres, a été largement ouvert par les dernières éclaircies ; sur le sol siliceux et frais on voit croître, sous l'influence de la lumière, une herbe épaisse parsemée de jeunes Akakachi, Araragni, Aucuba, mais pas un seul semis des essences supérieures n'a pu s'installer. Les peuplements du même âge dans la forêt de Kashiwaji, remarquables par la grosseur des tiges, qui semblent cylindriques jusqu'à 20 mètres du sol, largement ouverts à la lumière, ne recouvrent pas plus de semis naturels, bien que les bambous Sassa et les Kaya (*Torreya nacifera*) soient très abondants.

Il faudrait en conclure que les méthodes de réensemencement naturel ne sont pas applicables à ces essences : lorsque les arbres se touchent, le couvert du Segny ne permet aucune végétation inférieure ; lorqu'ils sont espacés, il se produit une telle abondance d'herbes que

les semis sont tués dès qu'ils arrivent au jour. On en a
déduit que seules, des plantations d'arbres déjà grands
pouvaient produire des forêts. Ce système, dont la valeur
est confirmée par d'excellents résultats, a le grave incon-
vénient d'être coûteux et tout porte à croire que l'essai
des semis sur place, systématiquement repoussé jusqu'à
ce jour, pourrait réussir si l'on entourait l'opération de
quelques soins.

Si l'ensemencement naturel ne peut se produire, je
n'hésite pas à l'attribuer à l'absence d'autres essences
dans le peuplement. Je puis citer comme preuve de
l'influence des mélanges sur la régénération, la forêt de
Mohara, située au Nord des Indes anglaises.

Un grand massif de résineux avait été privé de tous
les chênes (*Quercus semicaprifolia*) qu'il contenait ; il
ne fallut pas longtemps pour se convaincre que la reproduction s'était immédiatement arrêtée. Des semis en
bandes, en potets, faits ensuite, n'ont donné aucun
résultat, alors que les peuplements voisins, qui ont con-
servé leurs essences feuillues produisent, en sous bois,
plusieurs étages de résineux de tous âges.

Le discrédit dont sont frappés les arbres feuillus ne permet pas d'en conseiller l'emploi actuellement dans la province de Yamato, mais on pouvait introduire le pin,
essence robuste qui croît en pleine lumière, sans
craindre l'envahissement des herbes et des bambous.

Au moment de l'exploitation définitive, des graines,
jetées à la volée sur le parterre de la coupe, assureraient

pour l'année suivante la venue d'un peuplement complet. Huit ou dix ans plus tard, on pourrait faire disparaître la moitié des tiges et semer alors de la même façon le Hinoki et le Segni. Sous le couvert léger du pin les herbes ne croîtraient pas avec la même vigueur qu'en pleine lumière, un sous-étage de résineux s'établirait et l'abri serait suffisant pour protéger les brins de semence contre les ardeurs du soleil. Lorsque les Segni et les Hinoki seraient de dimensions suffisantes pour n'avoir rien à craindre des herbes et des bois morts, on ferait disparaître les pins, au moment même où leur croissance commence à se ralentir, et le produit qu'ils donneraient en bois de chauffage compenserait le retard apporté dans la production forestière par l'établissement tardif de la futaie définitive.

Plantations de Kounougni. — On fait aussi des plantations de Kounougni pour la production du bois de chauffage : aussi sont-elles exploitées à une courte révolution, huit ou dix ans chez les particuliers, quinze ans sur le sol domanial.

Les plants, pris en pépinière, sont plantés à raison de 18,000 par hectare. Alors que l'on a grand soin de respecter les racines des résineux en les sortant de terre, on taille au contraire celles du Kounougni, on taille également les plants sur la moitié de leur hauteur et la mise en terre s'effectue comme je l'ai indiqué pour le Hinoki,

Les frais de plantation s'élèvent à 120 francs par hectare et ceux d'entretien (enlèvement des lianes, des bambous pendant les premières années) à 60 francs.

La première coupe, ainsi que la seconde, donnent des produits inférieurs à la troisième. A ce moment on obtient le maximum du rendement. Dans les exploitations qui suivent on rencontre beaucoup de souches sans rejets, et les frais de réinstallation de nouveaux plants diminuent sensiblement le revenu.

Les Kounougni exploités dans les forêts domaniales ont de 30 à 45 centimètres de tour : la troisième coupe donne un produit net de 1,200 francs à l'hectare dans Yamato ; les bois de chauffage s'y vendent très cher : rendus en ville, les 100 kilos valent 4 fr. 95.

CHAPITRE VI

CONCLUSION

DEPUIS 1868, le Japon est entré dans une phase nouvelle de son existence; il a abandonné résolument d'anciennes pratiques pour emprunter à l'Europe, par un éclectisme intelligent, la plupart des éléments, des produits scientifiques de notre jeune civilisation.

Le gouvernement a appelé à son aide des ingénieurs, des savants pour organiser les nouveaux rouages de son administration, il a envoyé les plus

brillants élèves de ses écoles en Europe pour s'y former
à notre contact. En vingt ans, une révolution pacifique
s'est accomplie qui a placé le Japon à la tête de tous
les pays d'Orient. Par sa flotte comparable à celles
d'Occident, par son armée bien instruite et bien équi-
pée, il s'est constitué un peuple fort ; mais la puis-
sance d'un pays ne se mesure pas seulement à ses
armes, il lui faut encore mettre en valeur toutes les richesses dont il dispose, et c'est vers ce but que doivent
tendre aujourd'hui tous les efforts de l'Empire.

Le Japon occupe en Asie une position comparable
à celle de l'Angleterre en Europe, même voisinage
du continent, mêmes barrières naturelles pour le
protéger contre les invasions. Il possède en moins la
richesse exceptionnelle de productions minérales auxquelles l'Angleterre doit sa fortune autant qu'à sa position géographique.

Les Japonais peuvent retirer de l'agriculture et des
forêts ce que les Anglais ont obtenu de leurs mines.
L'agriculture se développera en même temps que le commerce, lorsque le gouvernement ouvrira l'intérieur des
îles aux étrangers, faisant pénétrer dans la masse du
peuple une civilisation qui n'a modifié jusqu'à ce jour
que les hautes classes de la société; les forêts seront en
pleine valeur lorsque les routes seront tracées, lorsqu'un
code spécial sera en vigueur, et lorsque des aménagements sérieux s'appliqueront.

La seconde partie du programme ne sera pas la

moins fructueuse, mais sera peut-être la plus longue à réaliser. Il ne suffit pas d'emprunter à l'Europe des règles culturales et de les appliquer littéralement à 4,000 lieues de distance pour que les forêts soient de suite parfaitement aménagées. Ces règles, déduites de l'observation des lois naturelles, doivent se modifier comme elles, suivant le climat, suivant les essences et la composition des peuplements. Parce que dans certains cas les professeurs ont enseigné qu'il faut enlever dans la futaie les arbres dominés et de peu d'avenir; dans d'autres cas, qu'il faut supprimer les arbres dominants et dangereux pour leurs voisins, il ne faut pas comme je l'ai vu pratiquer dans une forêt domaniale sous la direction d'un agent revenu d'Europe, appliquer tout à la fois les deux procédés pour ne laisser dans un massif naturel de Segni pur que des arbres de même taille, dont toutes les cimes se trouvent dans un même plan. L'opération n'a peut-être pas été dangereuse pour l'avenir de la forêt, mais elle n'a certes pas contribué à l'enrichir.

En admettant même que les règles usitées chez nous soient intelligemment appliquées au Japon, elles y pourraient donner des résultats détestables. Il est aussi impossible d'établir un enseignement cultural pour toutes les forêts du monde, que de résoudre un problème algébrique avec un nombre insuffisant d'équations. On peut tout au plus fixer les limites dans lesquelles peuvent varier les solutions, c'est-à-dire indiquer ce qui doit être évité, ce qui serait mauvais partout. Pour préciser les résultats, il est nécessaire que le problème se simplifie, que plusieurs des inconnues soient remplacées par des constantes.

Le forestier japonais apprendra en Europe comment on pose ces problèmes, comment on les résout; il apprendra de quelles expériences on a déduit les règles culturales et de retour chez lui, les renouvelant, il pourra créer une sylviculture s'adaptant au climat japonais et à ses essences.

ESSENCES A ACCLIMATER EN FRANCE

En terminant cette étude sur les essences forestières du Japon j'aurais voulu indiquer celles qui sont susceptibles de s'acclimater dans nos pays; mais la différence entre les deux climats est si grande que l'on ne peut énoncer que des probabilités à ce sujet.

De plus, il ne s'agit pas d'introduire dans nos forêts des arbres d'origine étrangère; ceux-ci ne peuvent être utiles que s'ils peuplent de grandes surfaces dans nos périmètres de reboisements. Or, ces travaux s'effectuent en France dans les plus mauvais terrains, soit que la culture agricole ait englobé tous les sols de la meilleure qualité, soit parce que les vides sur lesquels on opère sont depuis longtemps dépourvus de végétation et ruinés par le pâturage. Au Japon, tout au contraire, les forêts naturelles recouvrent des montagnes sur lesquelles

l'humus s'est entassé depuis des siècles, les reboisements s'exécutent dans des terres qui conviendraient
parfaitement à l'agriculture, si elles étaient en plaine.
Comment déduire de la bonne venue d'arbres croissant
dans ces conditions ce qu'ils deviendraient en France ?

Il faut pourtant faire quelques exceptions. L'Akamatsou, le Kouromatsou se contentent des plus pauvres
sols ; ils résistent sans abri à la chaleur et au froid ; la
régénération naturelle est toujours assurée ; ils croissent
volontiers dans les sables profonds des bords de la mer ;
aussi les emploie-t-on pour former des digues contre
l'envahissement des dunes, comme nous le faisons avec
le pin maritime.

S'ils se comportaient en France comme sur les bords
du Pacifique, ils y résisteraient sans doute mieux que le
pin maritime aux fortes gelées. Comme lui, le Kouromatsou, très chargé en résine, pourrait être soumis au
gemmage : on l'a même quelque peu utilisé déjà pour
la fabrication du goudron.

Le Segni, disséminé sous des latitudes et à des altitudes très variées, semble devoir s'acclimater facilement ; son bois ne donnera pas des produits de première
qualité, sa croissance ne sera pas aussi rapide, ses forêts
aussi productrices en France qu'au Japon, mais peut-
être il constituera des massifs, et, dans certains cas, on
n'exigera pas davantage des travaux de reboisement.

On pourrait essayer d'introduire quelques-uns des
résineux dans les parcs ; le Segni est très ornemental ;

lorsqu'il a crû isolément, tout son feuillage forme un
long cône régulier qui vient s'appuyer sur le sol. Le
Hinoki, le Koya-Maki, l'Assoussi, le Sawara, le Maki
sont aussi des arbres très élégants ; ils atteignent une
grande taille, leur fût très droit porte un feuillage épais
et régulier ; ils seraient donc à leur place dans nos jardins si le climat leur convenait ; mais il sera toujours
nécessaire d'entourer de grands soins leurs jeunes années
et je doute que leur culture en Europe puisse jamais
prendre un grand développement.

NOMENCLATURE

ABEMAKI.	*Quercus variabilis.*
AKAKACHI.	*Quercus acuta.*
AKAMATSOU.	*Pinus densiflora.*
AKAMEKACHI.	*Rottlera japonica.*
AKEKI.	*Thuiopsis dolabrata.*
AKÔ.	*Ficus Wightiana.*
AODAKÔ.	*Fraxinus longicuspis.*
AOKIBA.	*Aucuba japonica.*
ARAKACHI.	*Quercus thalassica.*
ARARAGNI.	*Taxus cuspidata.*
ASEBO.	*Andromeda japonica.*
ASSOUSSI.	*Thuiopsis dolabrata.*
BIACOUCHIN.	*Juniperus japonica.*
BICHAGO.	*Eurya japonica.*
BINKA.	*Gleditschia japonica.*

Biro.	*Livingstonia chinensis.*
Bouna.	*Fagus Sieboldii.*
Bousioukan.	*Citrus medica.*
Chigodake.	*Bambusa variegata.*
Chiosenmatsou.	*Pinus koraiensis.*
Daïdaï.	*Citrus bigaradia.*
Foutomomo.	*Eugenia jambos.*
Fujimatsou.	*Larix leptolepis.*
Gampi.	*Lychnis grandiflora.*
Goyonomatsou.	*Pinus koraiensis.*
Hadji.	*Rhus succedanea.*
Hagoromo kachiva.	*Quercus pinnatifida.*
Haïmatsou.	*Pinus koraiensis.*
Hakoyanagni.	*Populus tremula.*
Henoki.	*Celtis australis.*
Hiba.	*Thuiopsis dolabrata.*
	Chamæcyparis obtusa.
Hinoki.	*Chamæcyparis breviramia.*
	Thuya obtusa.
Hô ou Honoki.	*Magnolia hypoleuca.*
Hoochikou.	*Bambusa aurea.*
Hosabakachi.	*Quercus salicina.*
Ichii kachi.	*Quercus gilva.*
Imamekashi.	*Quercus phyllircoides.*
Imekomatsou.	*Pinus parviflora.*
Inoutsougné.	*Ilex crenata.*
Iousou.	*Dystilium racemosum.*
Irioukachi.	*Quercus lacera.*
Issakaki.	*Eurya japonica.*
Issou.	*Dystilium racemosum.*
Kachi.	*Chênes à feuilles persistantes.*
Kaki.	*Dyospiros kaki.*
Karaachiba.	*Picea alcocquiana.*
Karamatsou.	*Larix leptolepis.*
Karatachi.	*Citrus trifoliata.*

KACHIVA.	*Quercus dentata.*
KATSOURA.	*Cercidiphyllum japonicum.*
KEAKI.	*Planera japonica.*
KEMPONACHI.	*Hovenia dulcis.*
KINKAN.	*Citrus juponica.*
KONARA.	*Quercus glandulifera.*
KOURI.	*Castanea japonica.*
KOUROKAKI.	*Dyospiros lotus.*
KOUROMATSOU.	*Pinus Thumbergii.*
KOUDZOU.	*Pucraria Thumbergiana.*
KOUSOU.	*Laurus camphora.*
KOUSONOKI.	*Cinnamomum camphora.*
KOUWA.	*Morus alba.*
KOZO.	*Broussonetia papyrifera.*
KOYA-MAKI.	*Skiadopitys verticillata.*
KUNEMBO.	*Citrus fusca.*
MAKI.	*Podocarpus macrophylla.*
MATERA SII.	*Quercus glabra.*
MATEKACHI.	— —
MIDZOU NARA.	— *crispula.*
MIDSOUMÉ.	*Alnus firma.*
MIKAN.	*Citrus nobilis.*
MIDSOUMATA.	*Edgeworthia papyrifera.*
MIYAMA HANNOKI.	*Alnus viridis.*
MOMI.	*Abies firma.*
NAGI.	*Podocarpus Nageia.*
NANAKAMADO.	*Pyrus sambucifolia.*
NARA.	*Chênes à feuilles caduques.*
NEDZOU.	*Juniperus rigida.*
NEDZOUKO.	— —
NEDZOUMISASHI.	— *littoralis.*
NIKKEI.	*Cinnamomum laurieri.*
NOUROUDE.	*Japonaria vaccaria.*
OKAKACHI.	*Quercus acuta.*
OKACHI.	— *levigata.*

ONARA.	*Quercus crispula.*
ONIKOUROUMI.	*Juglans Sieboldiana.*
ORASHIMASHIKOU.	*Bambusa pygmea.*
OUBAMEKACHI.	*Quercus phyllircoides.*
OUDAÏKAMBA.	*Betula Tauschii.*
OURAJIROKACHI.	*Quercus glauca (forma glabra).*
OUROUCHI.	*Rhus vernicifera.*
SAÏKAKI.	*Cleyera japonica.*
SAÏKASHI.	*Gleditschia japonica.*
SAKOURA.	*Prunus pseudocerasus.*
SARROUSSOUBERI.	*Lagerstræmia indica.*
SASANQUA.	*Camellia sasanqua.*
SATSOUMA SII.	*Quercus glabra.*
SAWARA.	*Thuya pisifera.*
SEGNI.	*Cryptomeria japonica.*
SHINO.	*Arundinaria japonica.*
SHIODJI.	*Fraxinus mandchourina.*
SHIOURO.	*Chamerops excelsa.*
SHIRAKAMBA.	*Betula alba.*
SHIRAKACHI.	*Quercus glauca.*
SII.	*Chênes à feuilles persistantes.*
SIINOKI.	*Quercus cuspidata.*
SIRABÉ.	*Abies Veitchii.*
SKIBI.	*Ilicium religiosum.*
SOTETSOU.	*Cycas revoluta.*
TAKE.	*Bambous de toute espèce.*
TAKEKAMBA.	*Betula Bhojpattra.*
TAKEMOMI.	*Abies brachyphylla.*
TARA.	*Araria spinosa.*
TEOUCHIKOUROUMI.	*Juglans regia.*
TOHI.	*Picca alcocquiana.*
TONERICO.	*Fraxinus pubinervis.*
TORORO.	*Hibiscus Manihot.*
TSOUBAKI.	*Camellia japonica.*
TSOUGA.	*Abies tsouga.*

TSOUGNÉ.	*Buxus japonica.*
TSOUKOUBANE KACHI.	*Quercus sessifolia.*
TSOUTSOUJI.	*Rhododendrum indicum.*
TSOUTA MOMEJI.	*Acer pictum.*
WARABI.	*Nom commun à plusieurs fougères.*
YABOUNIKKEI.	*Cinnamomum pedonculatum.*
YAMAHANNOKI.	*Alnus incana.*
YASHIYABOUSI.	*— firma.*
YOUDZOU.	*Citrus aurantium.*
ZABAN.	*— decumana.*
ZANATORO.	*— —*

 ᴇ peu de temps dont je disposais pour parcourir le Japon ne m'a pas permis d'en étudier les richesses forestières aussi complètement que je le désirais ; mais si j'ai pu néanmoins recueillir rapidement quelques données intéressantes sur ce sujet, je le dois surtout à l'extrême obligeance de M. Yoshida, vice-ministre de l'agriculture, de M. Takei, directeur des forêts.

Grâce à leur appui, toutes les difficultés inhérentes à un voyage dans l'intérieur du pays se sont trouvées aplanies ; j'ai reçu l'accueil le plus affectueux de la part de tous les fonctionnaires et en particulier des agents forestiers de tous grades.

J'en rends ici témoignage pour attester le cordial souvenir que m'ont laissé ceux-ci et pour exprimer ma reconnaissance à l'égard de MM. Yoshida et Takei.

Je souhaite que leurs compatriotes, venus en France pour des études analogues à celles dont j'étais chargé, puissent emporter de notre pays une impression aussi charmante de leurs relations avec mes camarades, pour qu'un lien de mutuelle sympathie s'établisse entre les forestiers japonais et français.